INCLUSÃO DE PESSOAS COM DEFICIÊNCIA NOS CURSOS DE FORMAÇÃO DE OFICIAIS DO CORPO DE BOMBEIROS E DA POLÍCIA MILITAR

Editora Appris Ltda.
1.ª Edição - Copyright© 2024 dos autores
Direitos de Edição Reservados à Editora Appris Ltda.

Nenhuma parte desta obra poderá ser utilizada indevidamente, sem estar de acordo com a Lei nº 9.610/98. Se incorreções forem encontradas, serão de exclusiva responsabilidade de seus organizadores. Foi realizado o Depósito Legal na Fundação Biblioteca Nacional, de acordo com as Leis nºs 10.994, de 14/12/2004, e 12.192, de 14/01/2010.

Catalogação na Fonte
Elaborado por: Dayanne Leal Souza
Bibliotecária CRB 9/2162

C433i
2024

Chahini, Priscila Milena Costa
   Inclusão de pessoas com deficiência nos Cursos de Formação de Oficiais do Corpo de Bombeiros e da Polícia Militar / Priscila Milena Costa Chahini, João Batista Bottentuit Junior e Thelma Helena Costa Chahini. - 1. ed. – Curitiba: Appris, 2024.
   137 p. : il. color. ; 21 cm. – (Coleção Psicopedagogia, Educação Especial e Inclusão).

   Inclui referências.
   Inclui índice.
   ISBN 978-65-250-6497-0

   1. Cadetes e oficiais com deficiência. 2. Curso de formação de oficiais. 3. Inclusão. I. Chahini, Priscila Milena Costa. II. Bottentuit Junior, João Batista. III. Chahini, Thelma Helena Costa. IV. Título. V. Série.

CDD - 371

Livro de acordo com a normalização técnica da ABNT

Editora e Livraria Appris Ltda.
Av. Manoel Ribas, 2265 – Mercês
Curitiba/PR – CEP: 80810-002
Tel. (41) 3156 - 4731
www.editoraappris.com.br

Printed in Brazil
Impresso no Brasil

Priscila Milena Costa Chahini
João Batista Bottentuit Junior
Thelma Helena Costa Chahini

INCLUSÃO DE PESSOAS COM DEFICIÊNCIA NOS CURSOS DE FORMAÇÃO DE OFICIAIS DO CORPO DE BOMBEIROS E DA POLÍCIA MILITAR

Appris editora

Curitiba, PR
2024

FICHA TÉCNICA

EDITORIAL Augusto Coelho
Sara C. de Andrade Coelho

COMITÊ EDITORIAL Ana El Achkar (Universo/RJ)
Andréa Barbosa Gouveia (UFPR)
Antonio Evangelista de Souza Netto (PUC-SP)
Belinda Cunha (UFPB)
Délton Winter de Carvalho (FMP)
Edson da Silva (UFVJM)
Eliete Correia dos Santos (UEPB)
Erineu Foerste (Ufes)
Fabiano Santos (UERJ-IESP)
Francinete Fernandes de Sousa (UEPB)
Francisco Carlos Duarte (PUCPR)
Francisco de Assis (Fiam-Faam-S-P-Brasil)
Gláucia Figueiredo (UNIPAMPA/UDELAR)
Jacques de Lima Ferreira (UNOESC)
Jean Carlos Gonçalves (UFPR)
José Wálter Nunes (UnB)
Junia de Vilhena (PUC-RIO)
Lucas Mesquita (UNILA)
Márcia Gonçalves (Unitau)
Maria Aparecida Barbosa (USP)
Maria Margarida de Andrade (Umack)
Marilda A. Behrens (PUCPR)
Marília Andrade Torales Campos (UFPR)
Marli Caetano
Patrícia L. Torres (PUCPR)
Paula Costa Mosca Macedo (UNIFESP)
Ramon Blanco (UNILA)
Roberta Ecleide Kelly (NEPE)
Roque Ismael da Costa Güllich (UFFS)
Sergio Gomes (UFRJ)
Tiago Gagliano Pinto Alberto (PUCPR)
Toni Reis (UP)
Valdomiro de Oliveira (UFPR)

SUPERVISORA EDITORIAL Renata C. Lopes

PRODUÇÃO EDITORIAL Adrielli de Almeida

REVISÃO Camila Dias Manoel

DIAGRAMAÇÃO Andrezza Libel

CAPA Carlos Pereira

REVISÃO DE PROVA Daniela Nazario

COMITÊ CIENTÍFICO DA COLEÇÃO PSICOPEDAGOGIA, EDUCAÇÃO ESPECIAL E INCLUSÃO

DIREÇÃO CIENTÍFICA Ana El Achkar (Universo/RJ)

CONSULTORES Prof.ª Dr.ª Marsyl Bulkool Mettrau (Uerj-Universo)
Prof.ª Dr.ª Angelina Acceta Rojas (UFF-Unilasalle)
Prof.ª Dr.ª Adriana Benevides Soares (Uerj-Universo)
Prof.ª Dr.ª Luciene Alves Miguez Naiff (UFRJ)
Prof.ª Lucia França (UFRJ-Universo)
Prof.ª Dr.ª Luciana de Almeida Campos (UFRJ-Faetec)
Prof.ª Dr.ª Mary Rangel (UFF-Uerj-Unilasalle)
Prof.ª Dr.ª Marileide Meneses (USP-Unilasalle)
Prof.ª Dr.ª Alessandra CiambarellaPaulon (IFRJ)
Prof.ª Dr.ª Roseli Amábili Leonard Cremonese (INPG-AEPSP)
Prof.ª Dr.ª Paula Perin Vicentini (USP)
Prof.ª Dr.ª Andrea Tourinho (Faculdade Ruy Barbosa-BA)

PREFÁCIO

Foi com muita honra que recebi o convite para prefaciar esta belíssima obra, que é um divisor de águas no Brasil ao tratar da acessibilidade de pessoas com deficiência nas instituições militares.

O livro foi escrito pela competente e capacitada tenente-coronel do Corpo de Bombeiros do Maranhão Priscila Milena Costa Chahini, pelos respeitáveis professores Dr. João Batista Bottentuit Junior e Dr.ª Thelma Helena Costa Chahini.

A obra dá voz a um sem-número de pessoas com deficiência, aponta informações técnicas e dados que comprovam ser possível o acesso ao Corpo de Bombeiros Militar e à Polícia Militar.

Os direitos de pessoas com deficiência, em que pese serem previstos na Constituição Federal, em convenções internacionais e em leis, ainda precisam avançar muito na prática, pois encontram óbices na sociedade e em instituições, seja por desconhecimento, seja por preconceito, ainda que inconsciente.

O livro inicia-se com a abordagem dos direitos das pessoas com deficiência no trabalho e perpassa a inclusão e acessibilidade, destacando a necessidade da promoção de mudanças sociais para permitir que as pessoas com deficiência sejam inseridas no mercado de trabalho e passem a conviver com as demais, o que será importante para quebrar preconceitos e permitir que essas pessoas demonstrem suas habilidades.

A obra aponta que, após decisão judicial em 2020, as pessoas com deficiência puderam participar do concurso para ingresso nos Cursos de Formação de Oficiais (CFOs) do Corpo de Bombeiros e da Polícia Militar (CFO/BM e CFO/PM); e, no percurso até a aprovação final, alguns passaram por diversas dificuldades decorrentes da organização e avaliações do Estado durante as etapas do concurso. Muitas pessoas com deficiência avançaram no concurso e realizaram o curso de formação sem necessidade de adaptações.

Na sociedade há um mito de que os bombeiros e policiais militares devem ter um padrão de saúde sem nenhum tipo de deficiência, o que cria a falsa imagem de uma pessoa "perfeita". É inegável que a condição de saúde dos militares deve ser apta a exercer a atividade do bombeiro e do policial militar, entretanto determinadas deficiências não são incompatíveis com o exercício da atividade e em muitos casos há um rigor excessivo das instituições, que chega a configurar capacitismo.

Deve-se considerar também que o avanço tecnológico permite que pessoas com deficiência exerçam atividades que antigamente não eram possíveis, possibilitando, com isso, exercer a atividade-fim nas corporações militares.

O ingresso de pessoas com deficiência em curso de formação das instituições militares ocorreu, de forma inédita, no estado do Maranhão, o que permitiu a realização do primeiro estudo sobre o tema, o que é abordado neste livro e servirá, sem dúvidas, para quebrar paradigmas e preconceitos.

Há quem pense não ser necessária a reserva de vagas para pessoas com deficiência, sob o argumento de que deveriam concorrer em igualdade de condições com os demais, em razão das peculiaridades do cargo, entretanto a reserva de vagas visa permitir a concorrência em condições de igualdade. Trata-se, na verdade, de uma medida de igualdade material decorrente da discriminação positiva. De mais a mais, a ocupação de cargos públicos por pessoas com deficiência, sobretudo de maior impacto social e que conceda mais visibilidade, é uma importante política de quebra de preconceitos, na medida em que visualizar no dia a dia essas pessoas exercendo a função de bombeiro ou policial militar contribuirá para que haja uma maior aceitação social.

Por ser um assunto novo que promove mudanças nas instituições militares, certamente haverá resistências, que com o tempo serão superadas, e espera-se que as pessoas com deficiência compatíveis com o exercício da função no Corpo de Bombeiros Militar e na Polícia Militar tenham assegurado, sem óbices, o direito de ingressarem e trabalharem nessas valorosas instituições.

Parabenizo os autores pela brilhante iniciativa por lançar um livro que, sem dúvidas, contribuirá para que haja mudanças significativas e históricas no Brasil com o respeito integral às pessoas com deficiência que podem ingressar nas instituições militares estaduais, mas enfrentam dificuldades em razão do capacitismo, ausência de debates técnicos e falta de atualização das leis.

Rodrigo Foureaux
Juiz de Direito e professor

APRESENTAÇÃO

Recebi o convite dos autores Priscila Milena Costa Chahini, João Batista Bottentuit Junior e Thelma Helena Costa Chahini para fazer a apresentação do livro *Inclusão de pessoas com deficiência nos Cursos de Formação de Oficiais do Corpo de Bombeiros e da Polícia Militar*. Trata-se de obra de grande interesse para todos os que estão preocupados em construir uma sociedade inclusiva, quer dizer, articulada em torno da ideia de criar condições favoráveis a todos os seres humanos, independentemente de qualquer impedimento de longo prazo de natureza física, mental, intelectual ou sensorial, o qual, em interação com uma ou mais barreiras, pode obstruir sua participação plena e efetiva na sociedade em igualdade de condições com as demais pessoas. Essa é a definição no ordenamento jurídico brasileiro em vigor para pessoa com deficiência.

O objetivo dessa definição para pessoa com deficiência é, em última instância, permitir que as pessoas nessas condições tenham a possibilidade de desenvolver os seus projetos existenciais, os quais, para ser realista, não estão ao alcance de pessoas com deficiências severas.

Por óbvio que os projetos existenciais dependem das oportunidades que são oferecidas aos seres humanos e essas oportunidades deveriam ser sempre as mais adequadas, considerando o estágio do processo civilizatório em que a humanidade se encontra, tanto mais porque, como disse Kant, o ser humano não nasceu para o sofrimento, para a miséria e para penúria.

Todavia, mesmo nas sociedades em que as oportunidades são concretamente oferecidas à maioria das pessoas, a existência, por não ser homogênea e linear para todas elas, não possibilita a materialização de sonhos, quando possíveis de serem sonhados. Existe, lamentavelmente, aquilo que John Rawls, autor da festejada *Teoria da justiça*, chamou de "loteria da vida". Alguns nascem com melhores condições e aptidões, inclusive físicas, para lidar com a complexidade da vida em sociedade. Outras, por outro lado, não têm a mesma sorte, necessitando de recursos construídos socialmente para que suas vidas se tornem menos onerosas e, com isso, possam vencer obstáculos que criam barreiras ao desenvolvimento existencial.

Lidar com direito à inclusão das pessoas, com ou sem deficiência, no que diz respeito ao acesso a bens e serviços produzidos socialmente não pode se limitar a discursos e textos legais recheados de promessas, muitas delas impossíveis de serem cumpridas. A vida real possui uma outra engenharia, que exige para além do que se fala e do que se escreve. A vida concreta, dentro da qual as pessoas de carne e osso estão inseridas, exige trabalho, equipamentos, tecnologias e atitudes apropriadas. Não é fácil reunir todos esses elementos, tanto mais em sociedades carentes de recursos e com elevados níveis de desigualdade.

Não são apenas as pessoas com deficiência que enfrentam grandes obstáculos de inclusão na sociedade. Todas as pessoas carentes ou privadas de recursos padecem dessas barreiras. A pobreza é o grande obstáculo para a inclusão dos seres humanos no chamado "mundo civilizado", aquele em que os recursos materiais e os serviços públicos são abundantes e a ideia de que todos os seres humanos são titulares de direitos, não importando se são brancos ou pretos, feios ou bonitos, altos ou baixos, com ou sem deficiência. E essas sociedades são em número bastante reduzido no planeta Terra.

Por mais que já se tenha uma Convenção Internacional dos Direitos das Pessoas com Deficiência e que essa convenção faça parte do próprio ordenamento jurídico brasileiro, e ainda que se tenha uma avançada legislação de inclusão da pessoa com deficiência, a qual recebeu grande impulso desde a Constituição de 1988, a vida real das pessoas com deficiência no Brasil pouco tem mudado. As discriminações continuam e a perspectiva assistencialista parece ainda não ter cedido espaço.

Segundo o Instituto Brasileiro de Geografia e Estatística (IBGE), são mais de 18 milhões de pessoas com algum tipo de deficiência no Brasil, sendo mais de 47% destas com mais de 60 anos de idade. Tais pessoas, por mais que os avanços tecnológicos sejam exponenciais, não têm uma real inclusão social, quanto mais no mercado de trabalho. Os preconceitos estão aí, existem e não serão facilmente eliminados, se é que serão algum dia.

De qualquer modo, é preciso trabalhar sempre para que a sociedade construa um modelo de engenharia capaz de acolher e proteger um número cada vez maior de pessoas. Basta pensar no acelerado processo de envelhecimento populacional e nas limitações que essas pessoas terão à medida que sua idade avançar, alcançando patamares nunca antes imaginados.

Falar em inclusão da pessoa com deficiência em estruturas militares é um desafio ainda maior. Tais estruturas foram moldadas há milênios para receber pessoas sem nenhum tipo de limitação, tanto mais porque a natureza-fim é operacional, utilizando-se das habilidades físicas para o combate ou salvamento, em se tratando de Corpos de Bombeiros. Por mais que a tecnologia avance, as habilidades físicas são essenciais para o exercício dessas funções.

A legislação brasileira impõe às instituições de ensino superior a reserva de vagas para pessoas com deficiência, e não poderia ser diferente com as instituições que preparam as corporações militares. Por outro lado, é preciso ter cuidado para que distorções não sejam desenvolvidas nessas corporações. É sabido, só a título de exemplo, que, quando um militar apresenta algum tipo de limitação física ou de outra natureza, adquirida durante as suas atividades ou fora delas, desde que já integrado à corporação, tem a reserva como destino.

Há deficiências que são absolutamente incompatíveis com o exercício das atividades militares, porquanto a admissão de pessoas sem as condições para manusear equipamentos ou mesmo desenvolver tarefas que exijam enorme esforço físico podem acarretar prejuízos não somente para elas próprias como também para a segurança da sociedade.

Muito embora a legislação brasileira estabeleça a inclusão de pessoas com deficiência, é preciso ter clara a compatibilidade de eventuais deficiências com tarefas que serão desempenhadas.

Deficiências menos severas, sejam de natureza física, seja de natureza sensorial, não podem representar obstáculo para admissão em instituições militares. De qualquer modo, essas deficiências devem estar muito bem discriminadas nos editais de seleção para evitar incompreensões ou discriminações por integrantes das bancas de seleção, que são desdobradas em várias fases.

Noutra ponta, o Poder Judiciário deve ser muito cauteloso ao analisar os casos, sob pena de colocar em risco o funcionamento das instituições militares, impondo eventual recrutamento de pessoas cujas deficiências comprometerão o funcionamento da dinâmica das tropas ou propiciar que pessoas com deficiência não compatíveis com as tarefas a serem desenvolvidas venham a ser discriminadas. A regra de ouro é o velho bom senso, coisa rara hoje entre as principais autoridades brasileiras.

De toda sorte, o populismo legislativo e do Judiciário devem ser evitados. Incluir sim, mas com critério e responsabilidade, de modo a não reforçar discriminações.

É o mesmo que ocorre em relação a cotas para outros segmentos sociais. Não adianta falar em inclusão em ensino universitário para segmentos vulneráveis, se não são oferecidos a esses segmentos condições ótimas desde os primeiros momentos de vida, com a devida preparação escolar, para que deixem efetivamente de ser vulneráveis. Um diploma universitário, por mais importante que seja, dentro de uma sociedade altamente competitiva, pouco significará, se a pessoa que o adquiriu não estiver muito bem-preparada e capaz de concorrer com os demais. É preciso construir um círculo virtuoso, e não um círculo vicioso.

Primeiramente há necessidade de resolver as enormes desigualdades sociais que o Brasil apresenta. A partir daí, as leis que estabelecem cotas, por mais importantes que sejam, deixarão paulatinamente de ter tanta relevância. Em relação a pessoas com deficiência menos severas, não há nenhum obstáculo para que sejam admitidas em instituições militares. Agora, em se tratando de pessoas com deficiências mais significativas, os limites se impõem pela própria natureza das funções a serem exercidas.

A lei não pode ser fonte de privilégios ou perseguições. Não são aceitáveis discriminações intoleráveis; tanto por isso que o debate trazido por esta obra é oportuno e de grande relevância, especialmente para que as corporações militares deixem muito claro, em seus editais de recrutamento, quais as deficiências compatíveis com as missões que as instituições precisam desenvolver, de modo a incluir pessoas talentosas excluídas dessas corporações por apresentarem características que não se enquadram dentro daquelas exigidas para o que se convencionou entender por ser "humano perfeito".

Paulo Roberto Barbosa Ramos
Professor titular de Direito Constitucional
da Universidade Federal do Maranhão e
promotor de Justiça Militar

LISTA DE SIGLAS

ABMJM	Academia de Bombeiro Militar do Maranhão Josué Montello
APMGD	Academia de Polícia Militar do Maranhão Gonçalves Dias
CBMMA	Corpo de Bombeiros Militar do Maranhão
CCT	Centro de Ciências Tecnológicas
CEP	Comitê de Ética em Pesquisa
CFO/BM	Curso de Formação de Oficiais Bombeiro Militar
CFO/PM	Curso de Formação de Oficiais da Polícia Militar
JMS	Junta Médica de Saúde
LBI	Lei Brasileira de Inclusão
Libras	Língua Brasileira de Sinais
MEC	Ministério da Educação
OIT	Organização Internacional do Trabalho
Paes	Processo Seletivo de Acesso à Educação Superior
PGCULT	Pós-Graduação em Cultura e Sociedade
PMMA	Polícia Militar do Maranhão
PPP	Projeto Político-Pedagógico
TAF	Teste de Aptidão Física
TCLE	Termo de Consentimento Livre e Esclarecido
Uema	Universidade Estadual do Maranhão
Ufma	Universidade Federal do Maranhão
Unesco	Organização das Nações Unidas para a Educação, a Ciência e a Cultura

SUMÁRIO

CONSIDERAÇÕES INICIAIS 19

1
DIREITOS HUMANOS DAS PESSOAS COM DEFICIÊNCIA 23
1.1 O contexto dos Direitos Humanos das pessoas com deficiência 23
   1.1.1 O direito à educação 28
   1.1.2 O direito ao trabalho 33

2
QUALIFICAÇÃO DE PESSOAS COM DEFICIÊNCIA NO CONTEXTO EDUCACIONAL E LABORAL 43
2.1 A inclusão de pessoas com deficiência na educação superior e no mercado de trabalho formal 43
   2.1.1 Acessibilidade no contexto da inclusão de pessoas com deficiência . 50
   2.1.2 A relação entre a qualificação educacional das pessoas com deficiência e o mercado de trabalho formal 53

3
O CONTEXTO DA PESQUISA 65
3.1 Histórico da Academia de Bombeiro Militar Josué Montello (ABMJM) 65
3.2 Histórico da Academia de Polícia Militar Gonçalves Dias (APMGD) 67
3.3 Processo seletivo dos Cursos de Formação de Oficiais: CFO/BM e CFO/PM do Maranhão 69

4
OS DESAFIOS DO ACESSO E DA PERMANÊNCIA NOS CURSOS DE FORMAÇÃO DE OFICIAIS BM E PM DO MARANHÃO 73
4.1 Os participantes da pesquisa 73
4.2 O percurso da inclusão de pessoas com deficiência no CFO/BM e no CFO/PM do Maranhão 74
   4.2.1 Dificuldade durante as inscrições no vestibular 74

4.2.2 Intercorrências durante a etapa do processo seletivo perante a Junta Médica de Saúde...................76
4.2.3 Adaptações para realizar a etapa do TAF...................79
4.2.4 Necessidade de alguma medida administrativa e/ou judicial...............79
4.2.5 Adequação durante as disciplinas do CFO...................80
4.2.6 Realização das atividades práticas no CFO...................83
4.2.7 O exercício das funções operacionais e administrativas na corporação...................87
4.2.8 Desafios do acesso, da permanência e na conclusão dos cursos de oficiais...................91
4.2.9 Condições à inclusão e à permanência na corporação...................96
4.2.10 Diretoria de Ensino do BM e da PM................... 102
4.2.11 Diretoria de Saúde do BM e da PM................... 103
4.2.12 Junta Médica de Saúde do BM e da PM................... 106
4.2.13 Profissionais das Academias de BM e da PM do Maranhão........... 108
4.2.14 Presidentes da Comissão de TAF/BM e TAF/PM................... 110
4.2.14.1 Aplicação do TAF no CFO................... 111

CONSIDERAÇÕES FINAIS................... 113

REFERÊNCIAS................... 119

ÍNDICE REMISSIVO................... 133

CONSIDERAÇÕES INICIAIS

As conquistas de inclusão são resultado de movimentos pela garantia dos Direitos Humanos, de oportunidades mais justas para as minorias e dos avanços científico e tecnológico que possibilitaram a redução de espaços segregadores. Contudo, mesmo tendo ultrapassado, em grande parte, as posturas mais radicais de exclusão, sabe-se que a maioria das pessoas com deficiência ainda é impossibilitada de usufruir dos mesmos direitos assegurados pelo ordenamento jurídico a todas as pessoas.

Assim, embora apresentem seus direitos assegurados pela Constituição brasileira, várias pessoas com deficiência ainda não têm a garantia destes, sendo importante, além da criação de leis, a formação de valores que promovam a aceitação natural, a inclusão, a igualdade de direitos, o respeito e o exercício da cidadania (Brasil, [2020]). Nesse cenário, ao analisar tais aspectos, percebe-se que o problema da aceitação e da adaptação dessas pessoas ocorre em todos os tempos e lugares. Considerando-se as condições atuais com as ideais, constatam-se lacunas que precisam ser preenchidas.

Diante de tal situação, e levando-se em conta as concepções a respeito dos Direitos Humanos, torna-se de fundamental importância conhecer o conjunto de leis que regem o processo de construção do conhecimento em geral, bem como os inerentes à construção de cada área do conhecimento em particular.

Este livro surge de inquietações pessoais e profissionais no que diz respeito à prática de aceitação e inclusão de pessoas com deficiência em todos os setores sociais, especificamente em relação à inclusão de pessoas com deficiência nas corporações militares. Nesse contexto, visa-se trazer visibilidade sobre os Direitos Humanos das pessoas com deficiência, em relação ao direito à educação, ao trabalho, assim como em relação à inclusão dos alunos com deficiência matriculados nos Cursos de Formação de Oficiais (CFOs) do Maranhão.

Em relação à temática abordada, ainda existe carência de pesquisas sobre pessoas com deficiência nos Cursos de Formação de Oficiais do Corpo de Bombeiros (CFO/BM) e da Polícia Militar (CFO/PM) no Maranhão e no Brasil. Após pesquisa de dados nos editais de seleção dos CFOs em outros estados, constatou-se que, até o ano de 2024, o Maranhão era o único estado que incluía pessoas com deficiência nos referidos cursos.

Portanto, torna-se de suma importância levantar não só dados estatísticos, mas também trazer esclarecimentos qualitativos que forneçam material para estudos e reflexões sobre o acesso e a permanência de pessoas com deficiência no Corpo de Bombeiros e na Polícia Militar do Maranhão (CBMMA e PMMA), visando elucidar a mudança de paradigma em relação à questão da deficiência, buscando valorizar as potencialidades individuais, a vida independente e a equiparação de oportunidades.

Importante registrar que o Curso de Formação de Oficiais do Corpo de Bombeiros ocorre desde o ano 2006 (Edital 010/2006 Prog/Uema) na Universidade Estadual do Maranhão (Uema); e o da Polícia Militar do Maranhão, desde 1993, mas somente no ano de 2020 é que as pessoas com deficiência puderam participar, por meio de cotas, do processo seletivo para o CFO/BM e CFO/PM, após a Retificação 05/2020 – Paes PCD 2020, do Edital 42/2019 GR/Uema, que não contemplava pessoas com deficiência (Uema, 2020).

Após liminar do juiz Douglas Martins, a Uema divulgou uma retificação no edital do Processo Seletivo de Acesso à Educação Superior (Paes)/2020, constando pela primeira vez cotas para pessoas com deficiência nos Cursos de Formação de Oficiais do Corpo de Bombeiros e Polícia Militar do Maranhão. Portanto, ainda há muitas barreiras a serem eliminadas ou minimizadas em prol das etapas do processo seletivo [Junta Médica de Saúde (JMS), Teste de Aptidão Física (TAF) e teste psicotécnico], bem como no processo de ensino-aprendizagem dos discentes durante o referido curso de formação (Uema, 2020).

Nesse cenário, sabe-se que garantir acesso ao processo seletivo não assegura o ingresso nem a permanência nos referidos cursos, visto que o processo seletivo consta com JMS, TAF e teste psicotécnico para comprovar as condições físicas e psicológicas dos candidatos, no sentido de exercerem as atividades operacionais militares, uma vez que os desafios a serem superados pelas pessoas com deficiência são mais árduos, tomando-se por referência as pessoas sem deficiência.

Diante do exposto, a questão norteadora do estudo indaga: quais os principais desafios a serem superados para que pessoas com deficiência tenham os direitos de acesso, permanência e conclusão nos Cursos de Formação de Oficiais do Corpo de Bombeiros e da Polícia Militar do Maranhão da Uema efetivamente assegurados?

Defendeu-se como hipótese que os principais desafios a serem superados para que pessoas com deficiência ingressem no CFO/BM e no CFO/PM são: o desconhecimento sobre os referidos cursos, visto ser recente a inserção de pessoas com deficiência no processo seletivo; os estigmas em relação ao potencial humano das pessoas com deficiência; as exigências do processo seletivo, e no decorrer dos cursos, em relação à aptidão física e às condições de saúde ideais ao desenvolvimento das atividades militares.

Visando responder ao problema apresentado, o objetivo primário deste estudo correspondeu a analisar os principais desafios a serem superados para que pessoas com deficiência tenham os direitos de acesso, permanência com êxito na aprendizagem e conclusão nos Cursos de Formação de Oficiais do Corpo de Bombeiros e da Polícia Militar do Maranhão da Uema. E os objetivos secundários: verificar como vem ocorrendo o processo de seleção (inscrição, junta médica de saúde e teste de aptidão física) de pessoas com deficiência nesses cursos; conhecer as ações de Diretoria de Ensino (DE), Diretoria de Saúde (DS), Comissão de TAF e Coordenação dos Cursos de Formação de Oficiais do Corpo de Bombeiros e da Polícia Militar em relação ao processo seletivo e atendimento educacional especializado disponibilizados aos discentes com deficiência; descrever as percepções e concepções dos participantes da pesquisa em relação ao processo de seleção, acesso e permanência nesses cursos.

Esta obra deriva de uma pesquisa exploratória, descritiva, com abordagem qualitativa, e encontra-se dividida em quatro capítulos principais. O primeiro capítulo contém o referencial teórico do estudo no contexto dos Direitos Humanos de pessoas com deficiência, em específico o direito à educação e ao trabalho. No segundo capítulo, aborda-se o processo de inclusão das pessoas com deficiência na educação superior e mercado de trabalho formal, bem como se analisa a relação entre os dois. O contexto da pesquisa encontra-se no terceiro capítulo. No quarto capítulo, apresentam-se os resultados, as análises e as discussões realizadas sobre a pesquisa empírica. E, na última seção, são expostas as considerações finais sobre a temática abordada.

Espera-se que as informações e os achados da pesquisa contidos neste livro possam proporcionar reflexões, mudanças de paradigmas e maiores conhecimentos sobre diversidade, potencial humano das pessoas com deficiência e inclusão nas corporações militares de todo o país.

1

DIREITOS HUMANOS DAS PESSOAS COM DEFICIÊNCIA

1.1 O contexto dos Direitos Humanos das pessoas com deficiência

Neste capítulo aborda-se, de maneira breve, o percurso das pessoas com deficiência na luta pela garantia dos seus Direitos Humanos, considerando-se que documentos internacionais como a Declaração Universal dos Direitos Humanos instituem, em seu conceito básico, que Direitos Humanos são todos os direitos inerentes de todas as pessoas, que não podem ser retirados ou negados, pois são interligados e complementam-se. A declaração reconhece-os como um conjunto de garantias para assegurar os direitos de igualdade, dignidade e liberdade de todas as pessoas, independentemente de suas condições ou características (ONU, 1948).

Contudo, sabe-se que, ao longo dos anos, as pessoas com deficiência têm seus direitos básicos violados, sendo alvo de discriminação e exclusão na sociedade. Nesse contexto, é primordial que se compreenda a perspectiva dos Direitos Humanos das pessoas com deficiência; por isso, é necessário entender os conceitos a respeito do referido grupo.

De acordo com a Lei Brasileira de Inclusão da Pessoa com Deficiência (LBI), pessoas com deficiência são aquelas que têm impedimentos de longo prazo de natureza física, mental, intelectual ou sensorial as quais, em interação com diversas barreiras, podem obstruir sua participação plena e efetiva na sociedade em igualdade de condições com as demais pessoas (Brasil, 2015). A LBI assegura os direitos das pessoas com deficiência, não aceitando nenhuma forma de discriminação e/ou preconceito.

Ao discorrer sobre o contexto histórico que aborda pessoas com deficiência, Laraia (2009) evidencia quatro principais modelos de entendimento do que vem a ser deficiência e de como as pessoas com deficiência devem ser tratadas. Podem ser então: o modelo caritativo, o modelo médico, o modelo social e o modelo baseado em direitos.

Ainda segundo Laraia (2009, p. 38), no modelo caritativo as pessoas com deficiência precisam de ajuda, simpatia e caridade, visto que seriam vítimas de sua incapacidade. No modelo médico, essas pessoas carecem de serviços especiais, escolas especiais e professores de educação especial, pois precisariam ser "normalizadas", uma vez que suas limitações seriam individuais e precisariam ser "curadas". No modelo social, a deficiência não depende apenas da pessoa, mas de toda a sociedade, em razão de deficiência derivar do modo como a sociedade se encontraria organizada. No modelo baseado em direitos, a sociedade precisa mudar para garantir que todos tenham oportunidades iguais. Em relação ao último modelo,

> [...] os dois elementos principais desse modelo são o empoderamento, assim entendido como a participação das pessoas com deficiência, e a responsabilidade das instituições públicas em implementar os direitos das pessoas com deficiência. (Laraia, 2009, p.38)

No mesmo sentido, Santiago (2011, p. 261) afirma que,

> [...] seja na Antiguidade, Idade Média, Moderna ou Contemporânea, a exclusão social de pessoas com deficiência é referendada pelo seu pertencimento de classe, e não pela deficiência em si.

Pois, de acordo com o autor:

> A verdade é que a história mostra que ontem e hoje, pessoas com deficiência das classes altas podem sonhar e conquistar seus sonhos, pois estes são compráveis. Certamente, para isso terão escola de qualidade, professores qualificados e recursos tecnológicos especiais. Contudo, os pobres ainda estão longe de almejar igualdade de oportunidades. (Santiago, 2011, p. 267).

Ainda segundo o Santiago (2011, p. 234), mesmo com os grandes avanços em relação às capacidades das pessoas com deficiência, a sociedade tem preconceitos que reforçam os estigmas. "Se o direito à vida precisou de um período de amadurecimento da sociedade para expandir-se a todos os indivíduos, tempo considerável reclama discussão sobre o direito de todos à educação".

Diante dos fatos, percebe-se que as pessoas com deficiência já trilharam um longo e difícil percurso na busca pelo reconhecimento de seus direitos. Assim, Comin e Lincoln (2012, p. 64) ressaltam que "o próprio termo deficiência já vem munido de uma série de estigmas sociais relacionados à não eficiência, não produtividade".

Nesse prisma, Ribas (2011, p. 8, 110) afirma que os limites das pessoas com deficiência não se encontram na própria deficiência, mas sim "nas dificuldades que encontramos nas relações que travamos com o mundo". O autor refere que "até hoje é muito mais fácil para uma pessoa que se acidentou e se tornou paraplégica aposentar-se por invalidez, do que se reabilitar para a mesma ou outra função".

Aproveitando o contexto, Magalhães *et al.* (2005, p. 10) esclarecem que as diversas formas de discriminação são

> [...] reflexos da padronização social, que é ingenuamente explicada por uma visão caritativa ou mesmo de proteção, chegando até no discurso em prol da segregação para se fazer um treinamento para posterior convívio social.

Nas últimas décadas, as pessoas com deficiência conquistaram avanços na proteção de seus Direitos Humanos com base em documentos internacionais como a Convenção sobre os Direitos das Pessoas com Deficiência, que foi adotada em 2006 pela Assembleia Geral das Nações Unidas (ONU, 2006). Isso foi um marco importante para a proteção dos direitos das pessoas com deficiência, pois reconheceu que as pessoas com deficiência têm os mesmos direitos que as demais pessoas. A convenção levou a termo o que era importante ser discutido; assim, dentre os direitos fundamentais das pessoas com deficiência, destacam-se (Brasil, 2006):

a. Igualdade e não discriminação: todas as pessoas com deficiência têm o direito de serem tratadas iguais, sem discriminação por motivos de sua deficiência. Isso implica garantir o acesso a serviços, emprego, educação, transporte e demais áreas da vida social, sem restrições ou exclusões;

b. Acesso à saúde e à reabilitação: esses serviços devem ser adaptados às suas necessidades específicas, visando promover sua saúde e bem-estar;

c. Acesso à educação inclusiva: as pessoas com deficiência têm o direito de receber uma educação de qualidade em um ambiente inclusivo. Isso implica garantir adaptações e apoios indispensáveis para que possam participar plenamente do processo educacional, desde a educação infantil até o ensino superior;

d. Emprego e trabalho digno: as pessoas com deficiência têm o direito de serem incluídas no mercado de trabalho, em condições de igualdade com as demais pessoas. Isso requer a eliminação de barreiras e preconceitos, bem como a criação de oportunidades de emprego acessíveis e adaptadas às suas necessidades;

e. Acesso à justiça: é essencial garantir que as pessoas com deficiência tenham acesso à justiça de forma plena e igualitária. Isso implica assegurar a acessibilidade física e comunicacional dos tribunais, bem como providenciar apoio jurídico especializado, quando preciso.

Nesse viés, Goldfarb (2009) enfatiza que, em decorrência de políticas internacionais e nacionais voltadas para o reconhecimento dos Direitos Humanos, bem como à igualdade de oportunidades a todas as pessoas, as pessoas com deficiência estão começando a operacionalização desses direitos, entre os quais o direito à educação e ao exercício de atividades laborais.

A promoção dos Direitos Humanos é um princípio fundamental em qualquer sociedade justa e igualitária. Sendo assim, é fundamental abordar especificamente os direitos das pessoas com deficiência, reconhecendo suas necessidades particulares e garantindo sua inclusão em todos os aspectos da vida.

No contexto dos Direitos Humanos, Piovesan (2012, p. 6) relembra que: "em face do flagelo da Segunda Guerra Mundial, emergia a necessidade de reconstrução do valor dos direitos humanos, como paradigma e referencial ético a orientar a ordem internacional".

Desse modo, faz-se necessário enfatizar, de acordo com a Declaração Universal dos Direitos Humanos, que todas as pessoas nascem livres e iguais em dignidade e direitos, porém, ao analisar-se a historicidade dos acontecimentos, é notório o registro que, desde a Antiguidade até aos dias atuais, a sociedade vem demonstrando dificuldades em lidar com as diferenças pessoais e em aceitar pessoas com deficiência no meio social, educacional e profissional (ONU, 1948).

Nesse sentido, as pessoas com deficiência têm o direito intransferível de viver com dignidade, autonomia e participação ativa na sociedade. E, para assegurar esses direitos, é preciso que sejam eliminadas as barreiras físicas, comunicacionais, sociais e atitudinais, que ainda existem em muitos contextos. O principal objetivo é criar uma sociedade inclusiva, na qual todos possam ter seus direitos assegurados e contribuir de acordo com suas habilidades e potencialidades.

Os direitos das pessoas com deficiência é uma responsabilidade de todos; logo, estes não só devem ser promovidos, mas também protegidos. A efetividade desses direitos necessita da colaboração dos governos, setores públicos e privados e da própria sociedade, que devem trabalhar em conjunto para criar um ambiente inclusivo e garantir que todas as pessoas possam desfrutar, de maneira plena, de seus Direitos Humanos, independentemente de sua condição biopsicossocial. Somente por meio de esforços conjuntos poderemos construir uma sociedade mais justa, igualitária e respeitadora da diversidade humana.

A Declaração Universal elenca uma série de direitos fundamentais, como o direito à vida, à liberdade, à igualdade, entre outros (ONU, 1948). Entre todos os Direitos Humanos assegurados às pessoas com deficiência, nesta seção serão enfatizados o direito à educação e o direito ao trabalho.

1.1.1 O direito à educação

O direito à educação é um dos pilares dos Direitos Humanos, e sua importância é mais evidente quando se trata das pessoas com deficiência. Assegurar a igualdade de oportunidades na educação para todos, independentemente de suas habilidades ou limitações, é um propósito indispensável para a construção de uma sociedade mais justa e inclusiva.

Em relação à questão da deficiência, Ortega (1997) esclarece que ter uma deficiência e/ou ser uma pessoa com deficiência não significa ter uma doença ou ser incapacitado para o desenvolvimento de atividades sociais, educacionais e laborais. Em alguns casos, ter uma deficiência pode implicar alguma limitação e/ou formas diferenciadas para certas atividades, mas jamais em incapacidade para desenvolvê-las.

No contexto da inclusão educacional, é importante frisar que a educação dos alunos com deficiência tem os mesmos objetivos da educação de qualquer outra pessoa (Mazzotta, 2001). A educação inclusiva busca garantir que todas as pessoas, incluindo as com deficiência, tenham acesso à educação em ambientes educacionais regulares.

Isso significa que as instituições de ensino precisam acolher e atender às necessidades individuais de cada aluno, promovendo sua participação ativa, seu desenvolvimento e sua interação com os seus pares.

Nesse viés, valendo-se do Programa Incluir – Acessibilidade à Educação Superior, que visa promover a inclusão de pessoas com deficiência e garantir condições de acessibilidade na educação superior, as universidades e institutos federais do Brasil, utilizando-se de suas respectivas autonomias, podem distribuir uma porcentagem de suas vagas para a entrada de pessoas com deficiência. Esse programa também incentiva a implementação de políticas institucionais de acessibilidade, tais como: adaptações das estruturas físicas, dos materiais didáticos, nos métodos de ensino e aquisição de tecnologias assistivas para o atendimento especializado das pessoas com deficiência (Brasil, 2013).

Para efetivar o direito à educação das pessoas com deficiência, é necessário adotar medidas adequadas, como: acessibilidade física, adaptações pedagógicas, formação inclusiva de professores, combate ao preconceito, entre outros.

A Convenção sobre os Direitos das Pessoas com Deficiência ratifica o direito à educação para todas as pessoas com deficiência, reconhecendo que elas devem desfrutar desse direito em igualdade de condições com as demais (Brasil, 2006). Isso resulta em superar barreiras e preconceitos, garantindo o acesso à educação inclusiva em todos os níveis, desde a educação infantil até a educação superior.

No mesmo contexto, o Ministério da Educação/Secretaria de Educação Especial apresentou a Política Nacional de Educação Especial na Perspectiva da Educação Inclusiva, que reformulou a educação especial no sistema de ensino, e a inclusão escolar passou a ser um desafio em todos os níveis educacionais, desde a educação básica até a educação superior (Brasil, 2008).

> Na educação superior, a transversalidade da educação especial se efetiva por meio de ações que promovam o acesso, a permanência e a participação dos alunos. Estas ações envolvem o planejamento e a organização de recursos e serviços para a promoção da acessibilidade arquitetônica, nas comunicações, nos sistemas de informação, nos materiais didáticos e pedagógicos, que devem ser disponibilizados nos processos seletivos e no desenvolvimento de todas as atividades que envolvem o ensino, a pesquisa e a extensão. (Brasil, 2008, p. 17).

Nota-se a importância da educação no processo de inclusão da pessoa com deficiência na sociedade, pois, sem aquela, dificulta-se o direito à cidadania. Em razão de a maioria das pessoas com deficiência encontrar-se excluída socialmente, Laraia (2009) esclarece que houve a necessidade de implementar ações afirmativas, com o objetivo de incluir todas as pessoas com deficiência que se encontram marginalizadas socialmente em relação ao exercício da cidadania.

Ainda sobre os direitos educacionais, os estudos de Rocha e Miranda (2009, p. 12) informam que

> [...] as últimas décadas foram marcadas por movimentos sociais importantes, organizados por pessoas com deficiência e por militantes dos direitos humanos, que conquistaram o reconhecimento do direito das pessoas com deficiência à plena participação social.

Sobre a mesma temática, o Art. 27 da LBI afirma que:

> A educação constitui direito da pessoa com deficiência, assegurados o sistema educacional inclusivo em todos os níveis e aprendizado ao longo de toda a vida, de forma a alcançar o máximo desenvolvimento possível de seus talentos e habilidades físicas, sensoriais, intelectuais e sociais, segundo suas características, interesses e necessidades de aprendizagem. (Brasil, 2015).

No que se refere à educação superior, o Art. 30 da LBI afirma:

> Art. 30. Nos processos seletivos para ingresso e permanência nos cursos oferecidos pelas instituições de ensino superior e de educação profissional e tecnológica, públicas e privadas, devem ser adotadas as seguintes medidas:
> I - atendimento preferencial à pessoa com deficiência nas dependências das Instituições de Ensino Superior (IES) e nos serviços;
> II - disponibilização de formulário de inscrição de exames com campos específicos para que o candidato com deficiência informe os recursos de acessibilidade e de tecnologia assistiva necessários para sua participação;

III - disponibilização de provas em formatos acessíveis para atendimento às necessidades específicas do candidato com deficiência;
IV - disponibilização de recursos de acessibilidade e de tecnologia assistiva adequados, previamente solicitados e escolhidos pelo candidato com deficiência;
V - dilação de tempo, conforme demanda apresentada pelo candidato com deficiência, tanto na realização de exame para seleção quanto nas atividades acadêmicas, mediante prévia solicitação e comprovação da necessidade;
VI - adoção de critérios de avaliação das provas escritas, discursivas ou de redação que considerem a singularidade linguística da pessoa com deficiência, no domínio da modalidade escrita da língua portuguesa;
VII - tradução completa do edital e de suas retificações em Libras. (Brasil, 2015).

Conforme o disposto no artigo, pode-se garantir que o acesso e a participação das pessoas com deficiência, nos processos seletivos e nas instituições de ensino superior e profissional, sejam adequados às suas necessidades específicas, visando a equidade de acesso e permanência com êxito na aprendizagem e na conclusão de seus cursos.

É mister ressaltar que todos nós pertencemos ao mesmo mundo, só que de maneiras diferentes, dependendo de nossas condições biopsicossociais; e, de acordo com o ordenamento jurídico, todos somos iguais perante a lei, portanto é fundamental continuar fortalecendo esses direitos. Sendo assim, devemos nos envolver na luta por uma educação de boa qualidade a todas as pessoas, bem como por um mundo mais inclusivo, mais justo e verdadeiramente democrático.

Para isso, a Lei 13.146, de 6 de julho de 2015 — Lei Brasileira de Inclusão da Pessoa com Deficiência, Estatuto da Pessoa com Deficiência —, elenca diversas disposições normativas voltadas para a efetivação dos direitos dos cidadãos acometidos por impedimentos de longo prazo e de natureza física, mental, intelectual ou sensorial. De acordo com o que consta no Art. 28 da referida lei, é de responsabilidade do poder público dar e incentivar o acesso à educação superior e à educação profissional e tecnológica, em igualdade de oportunidades e condições com as demais pessoas (Brasil, 2015).

Diante do ordenamento jurídico em prol das pessoas com deficiência, a relevância social e científica de pesquisas na área da educação especial e da inclusão de pessoas com deficiência é ter como compromisso social e político a desconstrução de estigmas históricos que associam a deficiência com a improdutividade e desvalorização da pessoa humana.

Nesse contexto, Manica e Caliman (2015) tocam uma questão de grande relevância à inserção da pessoa com deficiência no mundo do trabalho competitivo, a inclusão das referidas pessoas na educação básica e na educação superior:

> A escola profissional tem sido procurada por pessoas com deficiência que encontram nesse nível de educação a possibilidade de continuidade dos estudos, pois, para ingressar em um curso superior, sempre é exigida a conclusão do ensino médio, nível de escolaridade que muitas pessoas com deficiência ainda não possuem. (Manica; Caliman, 2015, p. 62).

Diante dos fatos, afirma-se que não conseguir alcançar o nível de escolarização necessária ao ingresso na educação superior, em sua maioria, nada tem a ver com os potenciais cognitivos das pessoas, e sim com as condições materiais e subjetivas do preconceito, dos estigmas e do desconhecimento de como ensiná-las, respeitando suas necessidades educacionais específicas.

Conclui-se que o direito à educação é fundamental à inclusão social e profissional de pessoas com deficiência; e, para que isso ocorra de forma eficaz na educação superior, deve haver medidas que assegurem o acesso, a permanência com êxito na aprendizagem e a conclusão de seus cursos. Sabe-se que a dificuldade em concluir o ensino fundamental é, de fato, uma realidade para muitas pessoas com deficiência, o que dificulta ainda mais o acesso à educação superior. E, apesar de existirem leis e decretos que buscam garantir os princípios de igualdade e educação inclusiva, ainda existem muitos desafios para serem superados. Assim, carece-se de esforços contínuos por parte do poder público, privado e da sociedade de modo geral.

1.1.2 O direito ao trabalho

Segundo Lancillotti (2003, p. 9), "o direito ao trabalho é, para todos, propugnado como direito de cidadania e perseguido como forma de integração social". Concorda-se com o autor, pois o objetivo de tal direito não deve ser visto só como um objetivo para garantir apenas a cidadania, senão como sentimento de pertencimento das pessoas com deficiência.

Nessa perspectiva, Santos, Gomide Neto e Rezende (2012, p. 9-10) afirmam que, para a pessoa com deficiência,

> [...] o sentimento de eficaz pelo trabalho e de sua produção, contribui para a construção de uma identidade social e de reconhecimento de sua capacidade. Através do trabalho a pessoa com deficiência se sente parte da sociedade como um sujeito produtivo.

Isso na mesma esteira dos estudos de Gonçalves (1997, p. 54), ao falar da atividade laboral:

> Destina-se a promover os direitos humanos das pessoas com deficiência, tratando-as como legítimos cidadãos, revelando seu potencial, suas habilidades e não suas deficiências; priorizando sua integração segundo as condições prevalecentes na sociedade (reconhecimento, oportunidades e autoafirmação).

Conforme o Art. 34 da Lei Brasileira de Inclusão da Pessoa com Deficiência, que faz referência ao direito ao trabalho: "a pessoa com deficiência tem direito ao trabalho de sua livre escolha e aceitação, em ambiente acessível e inclusivo, em igualdade de oportunidades com as demais pessoas" (Brasil, 2015).

Ainda na LBI, o Art. 37 afirma que:

> Constitui modo de inclusão da pessoa com deficiência no trabalho a colocação competitiva, em igualdade de oportunidades com as demais pessoas, nos termos da legislação trabalhista e previdenciária, na qual devem ser atendidas as regras de acessibilidade, o fornecimento de recursos de tecnologia assistiva e a adaptação razoável no ambiente de trabalho. (Brasil, 2015).

Nesse mesmo enfoque, o Art. 5 da Lei 8.112/1990, que elenca os requisitos básicos para investidura em cargo público, em seu § 2º cita que:

> Às pessoas com deficiência é assegurado o direito de se inscrever em concurso público para provimento de cargo cujas atribuições sejam compatíveis com a deficiência que possuem; para tais pessoas serão reservadas até 20% (vinte por cento) das vagas oferecidas no concurso. (Brasil, 1990).

Esta lei determina a criação de cotas para pessoas com deficiência no serviço público como forma de ampliar a participação delas no mercado de trabalho (Brasil, 1990).

Para concursos públicos e processos seletivos no âmbito da administração pública federal direta e indireta, o Decreto 9.508 de 24 de setembro de 2018, prevê a reserva mínima de 5% das vagas para pessoas com deficiência (Brasil, 2018). Em relação ao setor privado, a Lei federal 8.213, de 24 de julho de 1991, que trata sobre os planos e benefícios da previdência, diz:

> Art. 93. A empresa com 100 (cem) ou mais empregados está obrigada a preencher de 2% (dois por cento) a 5% (cinco por cento) dos seus cargos com beneficiários reabilitados ou pessoas com deficiência, habilitadas, na seguinte proporção:
> I - até 200 empregados. - 2%;
> II - de 201 a 500 - 3%;
> III - de 501 a 1.000- 4%;
> IV - de 1.001 em diante- 5% (Brasil, 1991).

O amparo legal verificado por meio de artigos de leis, conforme se pode observar, parece não ter ressonância prática, e, embora a inclusão de pessoas com deficiência seja assegurada por meio de cotas em vagas de emprego, nos setores público e privado, a abrangência desse direito permanece limitada na sociedade. Esclarecendo a questão, Lemos (2021, p. 60) entende que a Administração Pública deve estabelecer "uma meta percentual para a reserva de vagas nos concursos públicos de forma mais concisa, objetivando o ingresso de mais pessoas com deficiência na esfera pública".

Essa premissa encontra-se em conformidade com os estudos de Lemos e Chahini (2022, p. 15), quando enfatizam que:

> [...] a concepção sobre o mercado de trabalho para as pessoas com deficiência ainda é complexa, apesar de o ordenamento jurídico vigente apresentar um avanço pertinente na proteção e no apoio desse grupo social.

Nesse contexto, a inclusão da pessoa com deficiência no mercado de trabalho vai além do cumprimento das leis; ela deve propiciar meios e recursos para assegurar esse acesso.

Sobre a dificuldade de inclusão no mercado de trabalho formal, Crespo (1995, p. 8-9) expõe que:

> Sem dúvida, parece quase utópico falar no direito ao trabalho das pessoas deficientes, num país com milhões de não-deficientes desempregados. No entanto, a verdade é que, se considerarmos os deficientes como cidadão tão de primeira classe quanto qualquer outro, não podemos nos intimidar com a triste realidade do desemprego atual.

Percebe-se que, mesmo com a existência de leis que asseguram o direito de acesso ao mercado de trabalho, ainda não há garantia de inclusão das pessoas com deficiência no ambiente profissional (Lemos; Chahini, 2022). Nesse viés, ressalta-se que o acesso das pessoas com deficiência por meio de cotas de emprego não deve ser apenas por força da lei, mas entendido como um processo legal de direito, e necessário ao processo de inclusão da diversidade em todos os setores sociais.

Em conformidade com esse pensamento, Cordeiro (2013, p. 13) expõe que:

> A inclusão da pessoa com deficiência no mundo do trabalho extrapola o simples cumprimento das leis que garantem cotas de contratação pelas empresas, e requer uma mudança de atitudes e paradigmas, reconhecendo as potencialidades e dificuldades das pessoas com deficiência e realizando as modificações necessárias à sua inclusão.

Os estudos de Freitas (2007, p. 150) constatam que

> [...] as pessoas com deficiência podem desempenhar adequadamente qualquer tipo de trabalho, desde que modificadas as condições de trabalho e realizadas as adequações necessárias nos instrumentos de trabalho.

Deve-se levar em consideração que:

> A exclusão das pessoas com deficiência do mercado de trabalho deve-se primeiramente a uma história de marginalização, seguida da utilização de um modelo caritativo utilizado por toda a sociedade, segundo o qual a pessoa com deficiência não seria capaz e, por isso, precisaria de ajuda de todos. Também se deve à falta de cumprimento pelo Estado de seu dever de fornecer ensino com qualidade e igualdade de condições para o exercício de um trabalho digno e produtivo. (Laraia, 2009, p. 18).

Xavier, Fernandes e Tomás (2009, p. 70) ressaltam que, diante das exigências mundiais em relação à economia, a forma de gestão empresarial, o mercado de trabalho e o perfil dos trabalhadores foram redefinidos, exigindo-se novas habilidades cognitivas compatíveis com essa reestruturação ocupacional. Nesse sentido,

> [...] a relação entre educação e o desenvolvimento econômico está baseada nas habilidades cognitivas para o trabalho que os indivíduos adquirem no ensino formal e que refletem na sua produtividade.
>
> [...] a educação modifica as habilidades do trabalhador, que influenciam na sua produtividade, aumentando a produtividade geral e a sua renda, contribuindo para o crescimento econômico;

"[...] a educação tem sido tomada como um preditor para o sucesso profissional."

Afinado a essa lógica, faz-se importante citar Bahia (2006, p. 26) quando declara que:

> Desconstruir a referência do indivíduo com deficiência como incapaz, inválido, oneroso e improdutivo e construir a figura da pessoa com deficiência dotada de qualificação profissional é, sem dúvida, o grande desafio dessa sociedade do novo milênio, na qual a competição injusta, as desigualdades sociais e as discriminações ainda se encontram enraizadas no convívio social.

Devido à relevância do tema, convém abordar Furtado (2011, p. 95, 106), ao ressaltar que "desde a Revolução Francesa e de todos os processos de maior ou menor intensidade que demonstraram para a humanidade que é possível sonhar e que isso depende de coragem para o enfrentamento". O autor afirma ainda que "podemos sonhar um mundo mais solidário e esse sonho, certamente, faz parte do ideário de inúmeras vertentes do pensamento humano".

Vale evidenciar que a Declaração Universal dos Direitos Humanos sinaliza que todo homem tem direito ao trabalho, livre escolha de emprego, condições justas e favoráveis de trabalho, e proteção contra o desemprego, bem como direito de uma remuneração justa e satisfatória que lhe assegure, assim como à sua família, uma existência compatível com a dignidade humana, entre outros (ONU, 1948).

Zago, Otsuka e Tanaka (2009, p. 135) assinalam uma retrospectiva histórica em relação às mudanças pelo qual o mundo vem passando, especificamente o mundo do trabalho competitivo, que implica adequações das pessoas, de maneira geral, às reais necessidades do mercado de trabalho formal. Ainda de acordo com as autoras, "o homem cresce e se prepara para trabalhar, não só pelo retorno financeiro, mas por lhe propiciar independência pessoal e auto realização".

Santos, Gomide Neto e Rezende (2012) relembram que foi na década de 1950 que se iniciaram discussões sobre a profissionalização de pessoas com deficiência e, que a partir desse período, muito vem sendo debatido e realizado, em parte, para que os direitos de cidadãos dessas pessoas possam ser garantidos. Os autores pontuam que a inserção da pessoa com deficiência no mercado de trabalho ainda carece de operacionalização em relação às recomendações do ordenamento jurídico.

Os estudos de Mazzilli (2011) sinalizam que foi no decorrer da Revolução Industrial e das Grandes Guerras Mundiais que se iniciaram as questões relacionadas à inserção da pessoa com deficiência no mercado de trabalho, e isso ocorreu devido à existência de pessoas mutiladas nas guerras, bem como de pessoas que adoeceram profissionalmente por causa das condições precárias de trabalho, e houve a necessidade de realização de adaptações ou readaptações dessas pessoas socialmente.

Ainda de acordo com Mazzilli (2011), em 1983 a Organização Internacional do Trabalho (OIT) proclamou a Convenção 159, que enfatizava a necessidade de a sociedade efetivar serviços de habilitação e reabilitação profissional, assim como oportunidades de inserção no mercado de trabalho às pessoas com deficiência, oferecendo condições de progressão e favorecendo a equidade de oportunidades.

Importa citar Lorenzon (2009) ao esclarecer que o tratamento jurídico dado às pessoas com deficiência evoluiu a partir da Constituição da República Federativa do Brasil, que prevê inúmeros instrumentos de proteção a essas pessoas; que a Constituição rompeu com os modelos assistencialistas até então operantes; que no Art. 7º, XXXI, qualquer discriminação do trabalhador com deficiência em relação aos critérios de admissão e salário é proibida; que o referido dispositivo é de suma importância, visto que passou a admitir a pessoa com deficiência, oficialmente, como trabalhador; e, finalmente, que o Art. 37, VIII, determina que se lhes reserve um percentual de cargos e empregos públicos (Brasil, [2020]).

Nesse sentido, Tanaka e Rodrigues (*apud* Zago; Otsuka; Tanaka, 2009, p. 136) ressaltam que

> [...] o trabalho é um elemento imprescindível na vida de todos. Assim sendo, como qualquer outra, a pessoa com deficiência tem não só o direito como também a necessidade de participar da sociedade pela via do trabalho.

Deve-se pensar que a inserção de pessoas com deficiência no mercado de trabalho formal não deve acontecer por assistencialismo ou por força da lei, mas por reconhecimento do potencial cognitivo dessas pessoas, assim como pelo respeito a seus direitos de cidadãos. Consoante a isso, Santos, Gomide Neto e Rezende (2012, p. 21) afirmam que a inclusão das pessoas com deficiência

> [...] deve ser vista como um fator positivo que agrega valores nas relações, de modo a possibilitar algo mais do que o ingresso de caráter paternalista e/ou assistencialista, dando ênfase no real valor e capacidade que a pessoa com deficiência possui.

Nesse contexto, concorda-se com Batista (2002, p. 98) quando enfatiza que as pessoas com deficiência "são consideradas trabalhadores exemplares, mais dependentes do emprego e consequentemente mais submissos e gratos à empresa que os contratou".

É importante entender que, de acordo com Ribas (2011, p. 8), "pessoas que têm deficiência e que não têm deficiência vêm aprendendo, umas com as outras, a extrair da relação aquilo que possa enriquecer o conhecimento mútuo". Com isso, é preciso acreditar na competência e investir na qualificação profissional das pessoas com deficiência.

Goldfarb (2009, p. 183) afirma que "devem ser afastados os estigmas e as falsas crenças de que as pessoas com deficiência são incapazes para o trabalho e ofertar-lhes reais e iguais oportunidades de emprego". Ainda de acordo com a autora, não podemos admitir que as pessoas com deficiência fiquem à margem do mercado de trabalho formal devido às desigualdades e/ou à falta de oportunidades existentes no Brasil.

O Programa de Ação Mundial às pessoas com deficiência esclarece que "a incapacidade é, portanto, a perda ou limitação das oportunidades de participar de uma vida em comunidade em pé de igualdade com os demais" (ONU, 1996, p. 10).

Sobre essa questão, Fonseca (2001) enfatiza que "as limitações para o trabalho" atribuídas às pessoas com deficiência são, em sua maioria, tão somente instrumentais e que a maioria das barreiras é superável, desde que se rompa com os mitos, preconceitos e/ou estigmas construídos historicamente.

Diante desse contexto, faz-se importante refletir com Rivero (2009, p. 37) ao afirmar que:

> A sociedade espera um determinado comportamento dos seus membros e possui as instituições que são capazes de impor esse comportamento, de modo que as opiniões sobre a natureza humana tendem a refletir esse ideal, independentemente da sua semelhança com a realidade.

Frigotto (2011, p. 6) esclarece que

> [...] a dualidade no campo educacional, ainda que seja intrínseca a todas as sociedades capitalistas, configura-se de forma específica em cada formação histórica determinada pela constituição da relação das classes fundamentais.

Faz-se importante refletir sobre o que Manica e Caliman (2015, p. 64) afirmam:

> Essas pessoas precisam estar qualificadas para o mercado de trabalho e, como seu nível de escolaridade nem sempre facilita a inserção e a entrada delas em cursos superiores, a opção escolhida passa a ser o nível básico da educação profissional, que oferece cursos, mesmo para aqueles que não possuem nível médio.

Concorda-se que a educação é fator imprescindível à empregabilidade. Assim, a falta ou carência de uma educação básica de boa qualidade dificultam ou impedem que as pessoas com deficiência se insiram no mercado de trabalho formal. Não se pode esquecer que a inserção da pessoa com deficiência no mercado de trabalho, além de proporcionar satisfação e realização pessoal, é inerente ao exercício da cidadania. "Através do trabalho a pessoa com deficiência se sente parte da sociedade como um sujeito produtivo" (Santos; Gomide Neto; Rezende, 2012, p. 9).

O Plano Nacional dos Direitos da Pessoa com Deficiência – Viver sem Limite, regulamentado pelo Decreto 7.612/2011, propõe a ampliação da participação das pessoas com deficiência no mercado de trabalho, mediante sua capacitação e qualificação profissional (Brasil, 2011).

Nos estudos realizados por Araújo e Schmidt (2006), os dados demonstraram que o maior empecilho para a contratação de pessoas com deficiência pelas empresas era a baixa escolarização, bem como a carência de qualificação profissional dessas pessoas.

Tanaka e Manzini (2005), em seus estudos, sinalizam que os motivos que os empresários alegaram para não contratarem pessoas com deficiência foram a falta de escolaridade relacionada à não qualificação profissional, a falta de habilidades sociais, a não adequação física e social das empresas, bem como o próprio desconhecimento sobre a questão da deficiência.

Quando Amaral (1994) realizou seus estudos sobre pessoas com deficiência no mercado de trabalho, deparou-se com uma realidade muito excludente. Os dados apontaram que os colegas sem deficiência não acreditavam que seus colegas com deficiência poderiam ser produtivos. E, quando as empresas entravam em recessão, as pessoas com deficiência eram as que primeiramente ficavam desempregadas, independentemente de suas produtividades, bem como não existiam perspectivas de ascensão nas empresas pesquisadas e raramente essas pessoas assumiam cargos de chefia.

Sabe-se que a Lei de Cotas não resolverá o problema da inclusão de pessoas com deficiência no mercado de trabalho formal, mas sem essa lei dificilmente essas pessoas teriam condições de ser inseridas em trabalhos formais (Zago; Otsuk; Tanaka, 2009).

A inserção da pessoa com deficiência no mercado de trabalho formal requer uma educação de boa qualidade, e isso envolve a participação das instituições de ensino nesse processo de forma eficaz.

2

QUALIFICAÇÃO DE PESSOAS COM DEFICIÊNCIA NO CONTEXTO EDUCACIONAL E LABORAL

2.1 A inclusão de pessoas com deficiência na educação superior e no mercado de trabalho formal

Neste capítulo, aborda-se o percurso das pessoas com deficiência na busca por seus direitos de inclusão na educação superior e na qualificação profissional. E começamos chamando atenção para o fato de que o conhecimento produzido pela humanidade não é de direito nem de posse de pessoas ou grupos sociais, mas de direito e de posse de todos. É esse saber que a universidade, como instituição social, tem responsabilidade de transmitir, possibilitando a todos a sua apropriação.

A escolaridade precária é uma das causas das desigualdades sociais. Neves, Fernandes e Helal (2009, p. 68) enfatizam que "a educação formal é um fator altamente associado à determinação dos rendimentos no mercado de trabalho, definindo o acesso dos indivíduos a bens pecuniários ou não". Ainda de acordo com os autores, "frente ao desemprego novos desafios estão postos para a crença na qualificação como saída para o desenvolvimento econômico e para a inserção no mercado de trabalho".

Desse modo, entendemos que a carência de uma educação de boa qualidade e em nível acadêmico contribui para dificultar e/ou marginalizar pessoas com deficiência no mercado de trabalho formal. A exigência de mão de obra qualificada faz com que um número cada vez maior de pessoas busque por graduações e pós-graduações. Entretanto, Bianchetti (2001) ressalta o descompasso das instituições de ensino em relação ao mundo do trabalho, mostrando a necessidade de educadores trabalharem na qualificação de seus alunos, para que estes consigam ingressar e manter-se no chamado mercado de trabalho.

Isso faz lembrar os estudos de Barbosa (2009), quando aponta que a sociologia da educação já vem há muito tempo pesquisando as relações sociais dentro das instituições de ensino, visando compreender as relações entre educação e/ou sua carência com o fortalecimento das desigualdades sociais; refletindo sobre a entrada de alunos pertencentes a grupos excluídos nas instituições de ensino e que, dentro dessas instituições, não conseguem receber conhecimentos, bem como oportunidades ao real exercício da cidadania.

Sabe-se que o processo de ensino envolve o processo de aprendizagem; assim, a respeito da docência universitária, Masetto (2003) considera que esta enfatiza o processo de ensino, mas deixa a desejar no processo de aprendizagem, explorando os conteúdos de forma descontextualizada, dificultando, dessa forma, a aquisição de maiores conhecimentos, necessários à inserção de pessoas com deficiência no mercado de trabalho formal.

De acordo com Masetto (2003, p. 36),

> [...] a metodologia em sua quase totalidade está centrada em transmissão ou comunicação oral de temas ou assuntos acabados por parte dos professores (aulas expositivas), ou leitura de livros e artigos e sua repetição em classe.

Ainda segundo Masetto (2003), deve-se ter o cuidado, durante o processo de ensino-aprendizagem, para não permitir que os conhecimentos compartilhados e/ou mediados venham reforçar uma aprendizagem apenas de cultura "acadêmica", sem contextualização e problematização para a vida, bem como para o mundo do trabalho.

Gadotti (2009, p. 14), referindo-se ao papel das instituições de ensino, sinaliza que:

> [...] a educação integral, num mundo educador, exige um nível cuidadoso e aprofundado de articulações políticas, sociais, culturais, ambientais e econômicas, visando à conquista de um melhor entendimento por parte de todas as pessoas, de que a todos cabem as decisões sobre o que acontece no planeta que vivemos.

Menciona-se aqui que o mercado de trabalho, na sociedade do conhecimento, exige de seus profissionais bem mais que a operacionalização de conhecimentos teóricos adquiridos na educação superior; exige competências de liderança, criticidade, criatividade, capacidade de resolução de problemas, capacidade de trabalhar em equipe, habilidade de comunicação, de relacionamentos com os colegas e demais profissionais da empresa, bem como com os clientes etc.

Os docentes universitários devem se conscientizar de que o exercício de sua profissão requer, além da aquisição de títulos e/ou conhecimentos enciclopédicos, competência pedagógica, capacidade de diálogo com várias áreas de conhecimentos e de pesquisas científicas, para mediarem o processo de ensino-aprendizagem de maneira a formar profissionais altamente qualificados.

> [...] profissionais intercambiáveis que combinem imaginação e ação; com capacidade para buscar novas informações, saber trabalhar com elas, intercomunicar-se nacional e internacionalmente por meios dos recursos mais modernos da informática; com capacidade para produzir conhecimentos e tecnologia próprios que os coloquem, ao menos em alguns setores, numa posição de não dependência em relação a outros países; preparados para desempenhar sua profissão de forma contextualizada e em equipe com profissionais não só de sua área, mas também de outras. (Masetto, 2003, p. 14-15).

Nesse contexto, faz-se importante citar novamente Masetto ao refletir sobre o processo de ensino-aprendizagem no âmbito universitário:

> Há necessidade de a universidade sair de si mesma, arejar-se com o ar da sociedade em mudança e das necessidades da sociedade e então voltar para discutir com seus especialistas as mudanças curriculares exigidas e compatíveis com seus princípios educacionais. (Masetto, 2003, p. 15).

De acordo com a Conferência Mundial de Educação Especial de 1994, da Organização das Nações Unidas para a Educação, a Ciência e a Cultura (Unesco), sobre necessidades educativas especiais (Declaração de Salamanca, Espanha, como ficou conhecido o documento oriundo dessa conferência), a educação é uma questão de Direitos Humanos e as pessoas com deficiência devem fazer parte das instituições de ensino, as quais devem adequar o seu funcionamento para incluir todos os alunos com ou sem necessidades educacionais especiais (ONU, 1994). Dessa forma,

> [...] quando existem programas adequados, a inclusão funciona para todos os alunos com e sem deficiência, em termos de atitudes positivas, mutuamente desenvolvidas, de ganhos nas habilidades acadêmicas e sociais para a vida na comunidade. (Karagiannis; Stainback; Stainback, 1999, p. 22).

Conforme a Declaração Mundial sobre Educação Superior no Século XXI, as instituições de educação superior devem educar e formar pessoas qualificadas e responsáveis, para reforçar os vínculos entre a educação superior e o mundo do trabalho, adaptando seus cursos às necessidades atuais da sociedade (Unesco, 1998).

Nesse sentido, Grillo (2002) ressalta que o professor deve ter compromisso com a sociedade e contribuir com o processo de transformação do conhecimento. Quanto a isso, Manica e Caliman (2015, p. 206) relatam que o docente que trabalha ou trabalhará com alunos com deficiência deve ter "domínio dos conteúdos básicos sobre os conceitos relacionados às pessoas com deficiência e sobre a educação especial", bem como "formação pedagógica que o habilite a lidar com alunos com deficiência e que conheça, também, a legislação atual que trata das pessoas com deficiência".

Ainda conforme estes autores, "nenhum docente poderá ter um perfil que contemple uma formação específica, se não passar, antes, pela capacitação adequada".

Concorda-se com Xavier, Fernandes e Tomás (2009, p. 68-69) ao afirmarem que "a educação formal, por sua vez, é um fator altamente associado à determinação dos rendimentos no mercado de trabalho, definindo o acesso dos indivíduos a bens pecuniários ou não". Ainda segundo os autores, "as mudanças na estrutura ocupacional exigiram, então, trabalhadores com novas competências".

É relevante deixar claro que os conhecimentos e/ou as competências adquiridas durante o processo educacional constituem requisito não apenas fundamental, mas indispensável à qualificação profissional e à inserção de pessoas com deficiência no mercado de trabalho competitivo.

Segundo Menezes Neto (2009, p. 74), "a certificação via diploma, tão requisitada pelas empresas, passa a ser sinônimo de 'direito de nascença' instituto político que 'garante' status e poder social ao detentor".

Vilela (2009, p. 99) chama atenção para o fato de que a educação superior é capital humano para o empregado, pois representa valor econômico no mercado de trabalho, visto que pode ser negociado pelo trabalhador em troca de salários e bens: quanto mais qualificado é o empregado, mais condições ele tem para ocupar bons cargos e ganhar um bom salário.

> Dessa forma, o capital humano é um valor internalizado no próprio trabalhador, isto é, um valor não transferível para outra pessoa. Assim, nenhuma pessoa pode separar-se a si mesma do capital humano que possui.

Ainda sobre o referido tema, Bourdieu (1998) ressalta que, quanto mais uma pessoa tem acesso aos conhecimentos e valores sociais dominantes, como, no caso, a educação formal, maiores são as chances de ingressar na educação superior e, consequentemente, no mercado de trabalho. O autor sinaliza também que pessoas socioculturais desfavorecidas encontram muitas barreiras de acesso aos conhecimentos acadêmicos, ocasionando, com isso, dificuldades de inserção no mercado de trabalho formal, bem como status ocupacional valorizado e/ou bem remunerado. Para Bourdieu e Passeron (1975), o sistema educacional é eficaz para legitimar as desigualdades sociais.

Como exemplo, contextualizamos a realidade de muitas pessoas com deficiência que, na maioria das vezes, encontram-se enfrentando muitas barreiras de acesso aos conhecimentos acadêmicos devido à carência de qualificação adequada dos docentes em alunos com deficiência e/ou com necessidades educacionais específicas, assim como por falta de atitudes sociais favoráveis à inclusão desses alunos nas instituições de educação superior (Chahini, 2013).

Em conformidade com o assunto, Tanaka e Manzini (2005, p. 292) pontuam que

> [...] ainda falta qualificação profissional e preparo social para que a pessoa com deficiência possa ocupar um cargo cujo perfil seja compatível com as suas habilidades e com as reais necessidades da empresa.

Sobre essa questão, Ramos (2010, p. 74) discorre que, mesmo que a qualificação profissional não garanta o ingresso e/ou a permanência das pessoas no mercado de trabalho,

> [...] o reconhecimento social obtido pelos correspondentes títulos e diplomas produzem relações de identidade que implicam sobre formas intersubjetivas de enfrentamento da questão social sob a crise capitalista contemporânea.

Segundo Marx (2004), existem potencialidades que estão adormecidas no homem e que devem ser realizadas pelo trabalho.

Em relação à importância de uma qualificação profissional, Bottomore (1878, p. 97) afirma que

> [...] a seleção de indivíduos para o serviço público graduado, bem como para muitas outras ocupações

de status elevado, tem lugar na maioria dos casos, no momento em que os indivíduos são selecionados para a educação superior.

Para Bowles e Gintis (2000), quanto mais alto o nível de escolaridade da pessoa, maior será o valor no mercado de trabalho, independentemente de suas habilidades cognitivas. Podemos contextualizar aqui a relação laboral entre o mestre de obra da construção civil e o engenheiro da obra. Há casos em que a experiência e a competência profissional de um mestre de obra são maiores que as de um determinado engenheiro, mas jamais aquele profissional será valorizado como um engenheiro, tampouco ganhará como se fosse.

Diante dos fatos, faz-se importante citar Ross (1998, p. 55) ao pontuar que "é de se esperar que o direito pleno à educação esteja consagrado e materializado numa sociedade que se pretende democrática". Ainda de acordo com Ross,

> Se aceitarmos a igualdade apenas em seu plano abstrato, isso constitui um viés para a sociedade eximir-se do seu papel histórico de socializar a todos os seres humanos, sua produção material, seus serviços, seu progresso técnico e antropológico. É como aceitar a igualdade entre patrões e empregados, mas preferir que os últimos continuem a utilizar o elevador de serviço. Distanciá-lo do conhecimento é afastar a igualdade que pode advir de seu usufruto. (Ross, 1998, p. 69).

Frigotto (2011, p. 31) relembra o pensamento de Marx em relação à qualificação e/ou à formação do trabalhador à época, quando dizia que as instituições de educação profissional deveriam se preocupar em ensinar tanto a prática quanto a teoria aos seus alunos, pois estes tinham que desenvolver "o hábito do manejo das ferramentas (a técnica), junto com as aquisições dos conhecimentos dos fundamentos dessas técnicas (a ciência)".

Em outras palavras, Frigotto (2000) ressalta que a educação deve acompanhar as necessidades do mercado, a fim de trabalhar o desenvolvimento de competências que garantam a empregabilidade de seus alunos, futuros profissionais.

Cabe, portanto, às universidades identificar as demandas da sociedade, bem como elaborar, em seus currículos, as possíveis competências que devem ser ensinadas aos discentes em relação às reais necessidades do mercado de trabalho competitivo do século XXI.

Diante dos fatos, faz-se importante destacar a Lei 13.146/2015, que institui a Lei Brasileira de Inclusão da Pessoa com deficiência — Estatuto da Pessoa com Deficiência —, que assegura e promove, em condições de igualdade, o exercício dos direitos e das liberdades fundamentais por pessoa com deficiência, visando à sua inclusão social e cidadania. Entre estes, acesso à educação superior e à educação profissional e tecnológica, em igualdade de oportunidades e condições com as demais pessoas (Art. 28, XIII) (Brasil, 2015).

2.1.1 Acessibilidade no contexto da inclusão de pessoas com deficiência

Não há como falar em inclusão de pessoas com deficiência na sociedade, seja na educação superior, seja no mercado de trabalho, sem relacioná-la com acessibilidade. No que se refere ao conceito de acessibilidade, a Lei Brasileira de Inclusão da Pessoa com Deficiência define-a como:

> Possibilidade e condição de alcance para utilização, com segurança e autonomia, de espaços, mobiliários, equipamentos urbanos, edificações, transportes, informação e comunicação, inclusive seus sistemas e tecnologias, bem como de outros serviços e instalações abertos ao público, de uso público ou privados de uso coletivo, tanto na zona urbana como na rural, por pessoa com deficiência ou com mobilidade reduzida. (Brasil, 2015).

Essa acessibilidade, conforme apontado pela LBI, ultrapassa a simples adaptação física de espaços e engloba a evolução de ambientes e práticas que permitam a participação de pessoas com deficiência em todos os setores. Nesse cenário, Araujo (2011, p. 25-26) ressalta que sem acessibilidade

> [...] a pessoa com deficiência não consegue exercer os outros direitos. Qualquer pessoa com deficiência, ou qualquer cidadão responsável, consegue entender a acessibilidade como um direito fundamental.

Nesse sentido, a acessibilidade é um dos pilares para a garantia dos direitos da pessoa com deficiência, e encontra-se amparada pelo Decreto federal 5.296, de 2 de dezembro de 2004, também conhecido como Decreto da Acessibilidade (Brasil, 2004).

No mesmo contexto, Sassaki (2019) apresenta sete dimensões da acessibilidade, fundamentadas na Lei Brasileira de Inclusão; no Decreto de Acessibilidade; e na Convenção sobre os Direitos das Pessoas com Deficiência, trazendo conhecimentos, esclarecimentos e visibilidade, bem como soluções às barreiras que as pessoas com deficiência encontram na sociedade.

A primeira dimensão trata sobre a acessibilidade arquitetônica, que significa "acesso sem barreiras físicas" (Sassaki, 2019, p. 129). Engloba: espaços internos em edificações e no seu entorno; elementos de urbanização; mobiliário urbano; e meios de transporte. Como exemplos, citam-se: construção de rampas, instalação de piso tátil e adaptação de portas e banheiros.

Para discutir essa dimensão, Sassaki (2019) pontua que adaptações razoáveis são uma das medidas a se adotar para reduzir ou eliminar certas barreiras arquitetônicas. Segundo a LBI, adaptações razoáveis compreendem:

> [Art. 3º] Adaptações, modificações e ajustes necessários e adequados que não acarretem ônus desproporcional e indevido, quando requeridos em cada caso, a fim de assegurar que as pessoas com deficiência possam gozar ou exercer, em igualdade de condições e oportunidades com as demais pes-

soas, todos os direitos e liberdades fundamentais. (Brasil, 2015).

Assim, por meio de adaptações razoáveis, a acessibilidade arquitetônica pode proporcionar espaços que assegurem o direito de ir e vir de todas as pessoas.

A segunda dimensão é a atitudinal, e quer dizer: "acesso sem barreiras resultantes de preconceitos, estigmas, estereótipos e discriminações" (Sassaki, 2019, p. 134). A LBI sinaliza que barreiras atitudinais são: atitudes ou comportamentos que impeçam ou prejudiquem a participação social da pessoa com deficiência em igualdade de condições e oportunidades com as demais pessoas (Brasil, 2015).

A suplantação dessas barreiras reside na mudança da mentalidade coletiva, por meio de sensibilização e educação, para compreender e superar os preconceitos e estigmas relacionados ao potencial humano das pessoas com deficiência.

A comunicacional é a terceira dimensão, que significa: "acesso sem barreiras na comunicação" (Sassaki, 2019, p. 143). Refere-se à comunicação interpessoal (face a face), por escrito ou a distância. Nessa dimensão, destaca-se a importância de tornar as mensagens acessíveis e compreensíveis para todas as pessoas. A verdadeira acessibilidade comunicacional promove não apenas a compreensão das mensagens, como também a participação plena na sociedade.

A quarta dimensão é a instrumental, que significa: "acesso sem barreiras nos instrumentos, ferramentas, utensílios, tecnologias" (Sassaki, 2019, p. 148). Refere-se ao uso de ferramentas e tecnologias assistivas que proporcionam a eliminação de certas barreiras. Sobre a dimensão explanada, Radabauch (1993) informa que, por meio das tecnologias, as pessoas com deficiência podem ter condições iguais para competir no mercado de trabalho.

A quinta dimensão, metodológica, trata sobre "acesso sem barreiras nos métodos, teorias e técnicas" (Sassaki, 2019, p. 151), que são utilizados nas atividades em quaisquer cenários, ao que se podem acrescentar novos métodos e conceitos de aprendizagem e avaliação.

Dimensão natural é a sexta, e refere-se ao "acesso sem barreiras nos espaços criados pela natureza e existentes em terras e águas de propriedade públicas e privadas" (Sassaki, 2019, p. 156), para possibilitar soluções de acessibilidade natural para pessoas com deficiência. Como exemplo, cita-se o Projeto Inclusive, Praia! (Maranhão, 2019), realizado na cidade de São Luís do Maranhão, que busca promover acessibilidade nas praias para pessoas com dificuldade de mobilidade e em cadeira de rodas.

Por fim, a sétima, a dimensão programática, que compreende "acesso sem barreiras invisíveis embutidas em textos normativos" (Sassaki, 2019, p. 162). Trata-se da eliminação dos impedimentos em políticas públicas. Citam-se como exemplos: revisão de leis, decretos, regulamentos, portarias, manuais, regulamentos etc. que possam dificultar ou impedir a participação de pessoas com deficiência, seja no âmbito educacional, seja laboral, de lazer ou turismo.

Em suma, as sete dimensões da acessibilidade propostas por Sassaki (2019) são o ponto de partida na direção da construção não apenas de ambientes acessíveis, mas sim de uma sociedade mais inclusiva, em que se eliminam não somente as barreiras tangíveis, como também as invisíveis.

2.1.2 A relação entre a qualificação educacional das pessoas com deficiência e o mercado de trabalho formal

Devido à globalização mundial, mudanças ocorreram em relação ao papel da educação, uma vez que esta passou a ser vinculada à preparação para o mercado de trabalho competitivo. Apesar de muito empenho em inserir pessoas com deficiência no referido mercado, infelizmente a realidade aponta para o fato de que muitas ainda se encontram excluídas do direito de exercer uma função profissional.

De acordo com o Instituto Nacional de Estudos e Pesquisas Educacionais Anísio Teixeira (Inep, 2014), a cada ano que passa aumenta o número de estudantes com deficiência e/ou com necessidades educacionais específicas nas instituições de educação superior, mas esse quantitativo ainda é pouco em relação ao percentual de pessoas com deficiência que se encontram fora das universidades.

Devido às ocorrências apresentadas, também existe um percentual baixo de pessoas com deficiência egressas da educação superior e inseridas adequadamente no mercado de trabalho formal. E isso vem ocorrendo, segundo Fonseca (2003), em razão da ignorância generalizada sobre o potencial e/ou as competências das pessoas com deficiência, impedindo com que as referidas pessoas tenham acesso às condições mínimas de cidadania.

Certo é que não se pode esquecer que a atividade vital do homem é o trabalho e por meio deste "o homem produz sua existência material e humaniza-se" (Ross, 1998, p. 77). Referido autor esclarece ainda que:

> Compreender a humanidade do ponto de vista das capacidades, como um grupo de iguais, no entanto, não é suficiente. É preciso trabalhar para que essa igualdade se efetive na prática, contemplando os anseios individuais por melhores condições de vida, de trabalho e, sobretudo, por justiça e equilíbrio na oferta de oportunidades que levam ao conhecimento. (Ross, 1998, p. 71).

A considerável população de pessoas com deficiência exige dos diversos setores da sociedade medidas que elevem sua qualidade de vida e que permitam o exercício pleno do seu direito de cidadão.

Conforme Sassaki (2006), a pessoa com deficiência tem dificuldades em se inserir no meio laboral por conta da falta de educação e/ou de formação qualificada para o mercado de trabalho. Não se pode negar a existência de uma dependência bilateral entre as instituições de ensino e as empresas em relação às exigências de formação desejáveis ao mercado de trabalho formal.

Concorda-se com Bianchetti (2001), quando ressalta que as relações entre o sistema formal de ensino e o sistema ocupacional vêm se caracterizando por antagonismo, especialmente devido às divergências entre os seus agentes, em que o maior prejudicado continuará sendo o aluno-futuro-trabalhador.

Para Santos, Gomide Neto e Rezende (2012), a relação das pessoas com deficiência com o mercado de trabalho formal vem sendo estabelecida por antagonismos, em que de um lado se encontram as pessoas com deficiência, com seus aliados e/ou simpatizantes com suas lutas; e, de outro, os empresários e/ou empregadores sendo cobrados para inseri-las, mas exigindo delas uma qualificação adequada às exigências da função.

Assim, educação e trabalho são realidades concretas que perpassam toda a vida dos indivíduos, propiciando sua interação no processo de transformação da sociedade. Trabalho é muito mais do que mera produção de bens materiais. É sua própria humanidade, transformando a natureza e colocando-a socialmente a seu serviço. Logo, produz não apenas bens materiais, mas bens imateriais (os saberes), que constituem patrimônio comum, ao qual devem ter acesso todos os membros de uma sociedade, tanto os "sem" quanto os "com" necessidades especiais.

Aranha e Dias (2009, p. 15) pontuam que "por meio do trabalho o homem cria as condições de transformação da realidade e de sua autotransformação". Para Saviani (2007, p. 154), "o que o homem é, é-o pelo trabalho".

Segundo a Organização Internacional do Trabalho (OIT, 2004), as pessoas com deficiência capazes de realizar trabalho produtivo devem ter o direito ao emprego como quaisquer outros trabalhadores.

É justamente "essa posição no mercado", ressaltada via Política de Cotas para o acesso de alunos com deficiência à educação superior, que suscita algumas controvérsias, como, por exemplo, a exigência do mercado de trabalho em relação à qualificação profissional da pessoa com deficiência para que esta possa preencher as vagas destinadas nas empresas.

Sabe-se que há empresários cujas empresas estão encontrando dificuldades no preenchimento de vagas anteriormente mencionadas, pelo fato de não encontrarem pessoas com deficiências diversas e devidamente qualificadas para o mercado de trabalho, sendo, por consequência, preenchidas, na sua maioria, por pessoas com deficiência física.

As instituições de educação superior não devem apenas garantir o acesso de alunos com deficiência e/ou com necessidades educacionais específicas, mas assegurar a permanência deles, lutando por uma educação que promova a inclusão e a cidadania. E isso só será possível com a inclusão dos profissionais da educação nesse processo.

Para Aranha e Dias (2009, p. 127),

> Essa compreensão do trabalhador enquanto sujeito do saber tem importância não apenas no processo de trabalho, na compreensão da categoria trabalho e nas lutas dos movimentos sociais, como também no processo educativo, que deve procurar incorporar esses saberes, valorizando-os e com eles dialogando.

Como lembrado por Souza Junior (2009, p. 137), ao pontuar que "a educação se constituiu numa ação não apenas interpretativa, mas fundamentalmente transformadora".

O Plano Nacional dos Direitos da Pessoa com Deficiência – Viver sem Limite, instituído pelo Decreto 7.612/2011, propõe no terceiro artigo, inciso III, ampliação da participação das pessoas com deficiência no mercado de trabalho, mediante sua capacitação e qualificação profissional (Brasil, 2011). Nesse contexto, é ressaltado pela *Cartilha do Censo de 2010* que

> [...] o direito à educação é inalienável e universal, sendo também considerado um direito que viabiliza a realização de outros direitos, pois ele prepara as pessoas com deficiência para o trabalho e para a obtenção de renda que lhes garantam viver com independência e dignidade. (Brasil, 2012, p. 15).

Apesar de as pessoas com deficiência terem os mesmos direitos que as pessoas sem deficiência, as primeiras nem sempre vêm conseguindo recebê-los nas mesmas condições das pessoas sem deficiência, e isso vem ocorrendo devido às desvantagens impostas pela restrição de funcionalidades e pela sociedade, que lhes impõe barreiras físicas, legais e de atitude. Essas barreiras são responsáveis pelo distanciamento que existe na concretização dos direitos das pessoas com e sem deficiência. "O objetivo do governo é eliminar essa lacuna e equiparar as condições das pessoas com deficiência, pelo menos, ao mesmo nível das pessoas sem deficiência na realização de seus direitos" (Brasil, 2012, p. 14).

Tendo em vista os argumentos anteriores, relembramos a Declaração Universal dos Direitos Humanos, ao declarar, em seu Art. 23, que: "toda pessoa tem direito ao trabalho, à livre escolha do seu trabalho e a condições equitativas e satisfatórias de trabalho e à proteção contra o desemprego" (ONU, 1948).

Nota-se a implementação de várias leis que visam assegurar a equidade de acesso às pessoas com deficiência no mercado de trabalho, mas sabe-se que essas pessoas têm vivenciado muitos desafios de superação, devido à existência de obstáculos na efetivação de seus direitos de cidadãos relacionados à sua inclusão social.

Isso é ressaltado nos estudos de Pastore (2000), quando relata que a obrigatoriedade da lei não é suficiente à inclusão de pessoas com deficiência no mercado de trabalho formal. É necessário que haja políticas internas e externas de conscientização dos empregadores e empregados.

Para Pastore (2000), é mister a conscientização sobre as diversidades, para que as empresas e funcionários possam mudar suas mentalidades capacitistas e preconceituosas, pois muitas pessoas com deficiência ainda se encontram excluídas do mercado de trabalho formal, por conta de atitudes discriminatórias, mas, se forem dadas as condições adequadas, elas podem realizar o trabalho esperado pelas empresas.

Nesse contexto, a transição das pessoas com deficiência da educação superior ao mercado de trabalho formal não tem sido um processo linear, devido às inúmeras dificuldades e/ou aos obstáculos vivenciados no decorrer da implementação das políticas de inclusão. Desse modo, apesar de o ordenamento jurídico ser expressivo quanto aos direitos de acesso e permanência das referidas pessoas em relação à educação e ao trabalho formal, muitas ainda se encontram excluídas e/ou marginalizadas desses direitos.

Importa citar Santos, Gomide Neto e Rezende (2012), ao afirmarem que a inserção da pessoa com deficiência no mercado de trabalho proporciona que esta se sinta integrada na sociedade como uma pessoa produtiva.

É necessário que as empresas, em sua maioria, conheçam e invistam no potencial profissional das pessoas com deficiência. Que haja o desenvolvimento de programas sociais que visem à conscientização de todos os funcionários em relação às potencialidades das referidas pessoas. Que sejam evitadas atitudes preconceituosas, de compaixão e de superproteção, e que sejam encorajadas as atitudes que agregam valor às relações pessoais e profissionais, que enfatizem o real valor e capacidades que essas pessoas têm.

A inclusão social da pessoa com deficiência, como, no caso, a inserção desta no mercado de trabalho formal, favorece não apenas condições de realização de suas necessidades básicas, mas a elevação de suas estimas, bem como o desenvolvimento de suas potencialidades (Araújo; Schmidt, 2006).

Fazer parte do atual contexto global envolve produzir e consumir, e, para que isso ocorra, é imprescindível a inserção no mercado de trabalho. Essa realidade tem sido difícil às pessoas com deficiência, visto que enfrentam estigmas em relação às suas capacidades profissionais.

No cotidiano, as pessoas com deficiência enfrentam situações de exclusão em relação ao mercado de trabalho formal devido à cultura de segregação e assistencialismo que se impôs às pessoas com deficiência.

Quidim e Lago (2012, p. 37) sinalizam que, entre as possíveis causas que dificultam e/ou impedem as pessoas com deficiência de ingressarem e permanecerem no mercado de trabalho formal, encontram-se o próprio desconhecimento do que é deficiência, bem como "os padrões estabelecidos que leva a formação de estigmas e a dinâmica empresarial vigente no mercado de trabalho".

A respeito da contratação de pessoas com deficiência, foi constatado, nos estudos de Lobato (2009), que as empresas contratam apenas pela obrigatoriedade da Lei de Cotas e não dão oportunidades de execução de atividades, tampouco de ascensão profissional.

Ratificando a fala do autor, Ribas (2011, p. 109) afirma que "a maioria das empresas ainda contrata porque estão obrigadas a cumprir a legislação atual e não desejam ser autuadas". Infelizmente, tal situação é realidade de muitas empresas e das pessoas com deficiência em busca de oportunidades no mercado de trabalho formal.

Ressalta-se a importância de esclarecer que pessoas com deficiência não são incapacitadas de exercer uma atividade laboral e a inclusão no mercado de trabalho formal contribui para sua autoestima e autonomia, bem como desfaz os estigmas de improdutividade e incapacidade.

Concorda-se com Zan Mustacchi, ao afirmar que é necessário conviver com as pessoas com deficiência para reconhecer o que cada um tem de melhor a oferecer e compartilhar. As empresas (empresários e profissionais) devem se adaptar às reais condições das pessoas com deficiência, não criando expectativas e perspectivas, idealizadas, que não podem ser alcançadas por essas pessoas, mas com as adequações necessárias outras habilidades podem vir a ser desenvolvidas pelas pessoas com deficiência e, assim, conseguirem exercer funções laborais como qualquer outra pessoa sem deficiência (Batanero, 2001).

Sobre os benefícios da inserção da pessoa com deficiência no mercado de trabalho formal, Pereira e Batanero (2009) discorrem, entre outros efeitos positivos, sobre a convivência com outras pessoas com e sem deficiência; oportunidades de superação de barreiras atitudinais e físicas, de forma positiva; sentimentos de satisfação em serem úteis e por participarem ativamente na sociedade.

Conforme Ribas (2011, p. 107), as empresas devem inscrever as pessoas com deficiência em suas políticas de recursos humanos e aprender a trabalhar com a diversidade. Devem conhecer as necessidades especiais e/ou específicas dessas pessoas, oferecendo a elas condições adequadas de exercerem suas funções laborais, respeitando suas características individuais, e "nenhuma delas deixará de alcançar as metas e os resultados desejados se tiverem ao seu alcance os recursos necessários".

As pessoas com deficiência não podem mais ser vistas como aquelas que terão de adaptar-se às suas limitações e/ou conformar-se com os estigmas em relação à deficiência, mas sim como pessoas capazes. Portanto, deve-se dar condições e oportunidades para que elas se mostrem e exerçam todos os seus direitos. São pessoas que têm o direito de viver suas experiências e aprender com estas, mesmo que em alguns casos a deficiência imponha certos limites educacionais e ocupacionais.

Para Furtado (2011, p. 39),

> [...] não é possível pensar um futuro para a humanidade se não pensarmos soluções para o presente, e projeções sobre o mundo do trabalho exigem uma avaliação rigorosa do que ocorre hoje em dia com o trabalho e os trabalhadores.

A pessoa com deficiência no mercado de trabalho deve ser respeitada como ser humano, com suas próprias características, dificuldades, possibilidades e capacidades. Todos os profissionais devem conhecer os direitos legais dessas pessoas, pois as relações interpessoais devem ser pautadas em respeito mútuo.

Na visão de Ribas (2011, p. 111),

> Empregabilidade, para as empresas, não deve ser compreendida tão somente como oferecer emprego para as pessoas com deficiência, mas deve sobretudo abranger ações de inclusão e permanência mais efetiva desses profissionais no mundo do trabalho, com perspectiva de desenvolvimento e ascensão profissional.

Ribas (2011, p. 112) acrescenta que as empresas devem ter em mente que as adaptações e/ou construções feitas respeitando o desenho universal de acessibilidade, assim como os recursos adquiridos das tecnologias assistivas, são investimentos e representam qualidade de vida a todos os funcionários, portanto contribuem para que todos possam executar suas atividades e/ou exercer suas funções de forma eficaz. Ainda conforme o autor, "os softwares sintetizadores de voz, as impressoras que imprimem braile e alto relevo e as lupas eletrônicas têm de ser percebidas como equipamentos de trabalho". "A Língua Brasileira de Sinais (LIBRAS), usada para facilitar a comunicação com os surdos em reuniões e treinamentos, têm de ser vista como recurso profissional".

Ao se relacionar profissionalmente com pessoas com deficiência, deve-se evitar as projeções próprias de insegurança e conflito em relação às capacidades cognitivas das referidas pessoas. Deve-se refletir se as atitudes entre os colegas de trabalho não estão sendo influenciadas por estigmas em relação à deficiência.

É aceitável que as pessoas com deficiência, assim como as sem, passem por possíveis riscos e/ou frustrações em suas experiências profissionais. A deficiência não deve ser critério de seleção ou exclusão em relação à inserção no mercado de trabalho, mas deve-se levar em consideração nesse processo o potencial cognitivo, o interesse, o esforço de superação das barreiras impostas pelo estigma, a demonstração de vontade e capacidade para aprender e querer progredir pessoal e profissionalmente.

Uma questão muito importante colocada por Ribas (2011) é que as empresas não são organizações filantrópicas, portanto não cabe a elas empregar funcionários sem as devidas qualificações, sendo eles com ou sem deficiência.

> Empresas são organizações em que se produz e se comercializa bens ou serviços e se geram empregos, com a finalidade de impulsionar o mercado e provocar a circulação e o consumo da riqueza. E se não acreditarmos que as pessoas com deficiência podem gerar riqueza pelo seu próprio trabalho, é melhor não trazê-las para dentro das empresas. (Ribas, 2011, p. 111).

De acordo com Ribas (2011, p. 111), "as pessoas com deficiência devem demonstrar seu potencial, buscar o próprio crescimento e desenvolvimento profissional e apresentar independência e autonomia".

Desse modo, para que a inclusão educacional e laboral se efetive, faz-se necessário que ocorra a inclusão acadêmica e empresarial nesse processo, bem como o engajamento de todos que compõem a própria sociedade, visto que o preconceito em relação às pessoas com deficiência foi coletivamente construído, e é coletivamente que devemos desconstruí-lo.

Nesse contexto, é de suma importância citar a Lei 13.146/2015, capítulo VI, "Do direito ao trabalho", Art. 34, que assegura que a pessoa com deficiência tem direito ao trabalho de sua livre escolha e aceitação, em ambiente acessível e inclusivo, em igualdade de oportunidades com as demais pessoas, bem como: as pessoas jurídicas de direito público, privado ou de qualquer natureza são obrigadas a garantir ambientes de trabalho acessíveis e inclusivos (§ 1º); a pessoa com deficiência tem direito, em igualdade de oportunidades com as demais pessoas, a condições justas e favoráveis de trabalho, incluindo igual remuneração por trabalho de igual valor (§ 2º); é vedada restrição ao trabalho da pessoa com deficiência e qualquer discriminação em razão de sua condição, até mesmo nas etapas de recrutamento, seleção, contratação, admissão, exames admissional e periódico, permanência no emprego, ascensão profissional e reabilitação profissional, bem como exigência de aptidão plena (§ 3º); a pessoa com deficiência tem direito à participação e ao acesso a cursos, treinamentos, educação continuada, planos de carreira, promoções, bonificações e incentivos profissionais oferecidos pelo empregador, em igualdade de oportunidades com os demais empregados (§ 4º); é garantida aos trabalhadores com deficiência acessibilidade em cursos de formação e de capacitação (§ 5º) (Brasil, 2015).

Ainda de acordo com a referida lei (Brasil, 2015), em relação à inclusão da pessoa com deficiência no mercado de trabalho formal, tem-se que: constitui modo de inclusão da pessoa com deficiência no trabalho a colocação competitiva, em igualdade de oportunidades com as demais pessoas, nos termos da legislação trabalhista e previdenciária, na qual devem ser atendidas as regras de acessibilidade, o fornecimento de recursos de tecnologia assistiva e a adaptação razoável no ambiente de trabalho (Art. 37). Assim como diretrizes que visam à colocação competitiva da pessoa com deficiência no mercado de trabalho, entre estas a prioridade no atendimento à pessoa com deficiência com maior dificuldade de inserção no campo de trabalho; a provisão de suportes individualizados que atendam a necessidades específicas da pessoa com deficiência, até mesmo a disponibilização de recursos de tecnologia assistiva, de agente facilitador e de apoio no ambiente de trabalho; o respeito ao perfil vocacional e ao interesse da pessoa com deficiência apoiada; a oferta de aconselhamento e de apoio aos empregadores, com vistas à definição de estratégias de inclusão e de superação de barreiras, inclusive atitudinais.

Bahia (2006, p. 40) constata em seus estudos que, apesar de todo um aparato legal que visa garantir a inclusão de pessoas com deficiência no mercado de trabalho formal, ainda "não é suficiente para propiciar a inclusão social e profissional de pessoas com deficiência".

Sabe-se que as barreiras atitudinais são as grandes responsáveis pela não operacionalização do ordenamento jurídico. Portanto, as instituições de ensino, de maneira geral, e as universidades, em específico, bem como a própria sociedade com suas organizações, devem promover situações de maior esclarecimento sobre as questões envolvendo a desmistificação da deficiência, desenvolvendo ações de conscientização e sensibilização sobre as pessoas com deficiência, contribuindo para que a sociedade como um todo aprenda a conviver com a diversidade humana.

3

O CONTEXTO DA PESQUISA

3.1 Histórico da Academia de Bombeiro Militar Josué Montello (ABMJM)

A ABMJM foi inaugurada no dia 1º de agosto 2006, por meio do mesmo convênio que criou o CFO/PM (Figura 1), concebida com o objetivo de formar oficiais do Corpo de Bombeiros Militar do Maranhão, pois anteriormente à sua fundação o CFO/BM era realizado em outros estados da Federação (Chahini, 2009).

Figura 1 – Brasão da Academia de Bombeiro

Fonte: Academia Bombeiro Militar "Josué Montello" (2012)

Após 11 anos sem concurso público para o quadro de oficiais da corporação, a criação da ABMJM mudou a situação de escassez de efetivo, e iniciou a primeira turma de oficiais bombeiros formados no estado do Maranhão (Chahini, 2009).

O CFO/BM tem a duração de três anos e titulação de bacharel em Segurança Pública e do Trabalho (Figura 2). E seu formato é semelhante ao do CFO/PM, tendo as disciplinas do núcleo específico ministradas no período matutino na ABMJM (Figura 3) e as disciplinas do núcleo comum, no período vespertino, no Centro de Ciências Tecnológicas (CCT), na Uema (Maranhão, 2017).

Figura 2 – Formatura na ABMJM

Fonte: Maranhão (2022)

Figura 3 – Fachada da ABMJM

Fonte: Academia Bombeiro Militar "Josué Montello" (2012)

Ao longo de seus 17 anos de criação, a ABMJM já formou 365 oficiais, e atualmente se encontra com 84 cadetes. No mês de julho de 2023, formou a primeira turma de aspirantes do Corpo de Bombeiros Militar do Maranhão, composta por duas pessoas com deficiência.

3.2 Histórico da Academia de Polícia Militar Gonçalves Dias (APMGD)

A APMGD (Figura 4) foi inaugurada em 26 de abril de 1993, via Lei estadual 5.657, por intermédio do Convênio de Mútua Cooperação Técnico-Científica entre Uema, PMMA e CBMMA, em que foi criado o CFO/PM, com duração anterior de três anos e, atualmente, quatro anos, e titulação de bacharel em Segurança Pública (Academia de Polícia Militar Gonçalves Dias, 2018).

Figura 4 – Brasão da Academia de Polícia

Fonte: Maranhão (2017a)

Durante o curso, as aulas das disciplinas específicas e operacionais (núcleo específico) são ministradas no período matutino na APMGD e no período vespertino, as disciplinas administrativas (núcleo comum) acontecem no Centro de Ciências Sociais Aplicadas, na UEMA. E permanece neste formato até os dias atuais (APMGD, 2018).

No ano de 2000, CFO/PM e CFO/BM foram reconhecidos pelo Ministério da Educação e Cultura (MEC), via Resolução 195/2000-CEE, sendo o primeiro Curso de Formação de Oficiais do Brasil a ser realizado integralmente por uma universidade pública, com o processo seletivo sendo feito por meio de vestibular (Figura 5) (APMGD, 2018).

Figura 5 – Fachada da APMGD

Fonte: Vestibular [...] (2019)

Em 2006, o Projeto Político-Pedagógico (PPP) foi aprovado por meio da Resolução 760/2006-Cepe/Uema, e o CFO/PM aumentou a duração para quatro anos e passou a ter a carga horária de 5.190 horas/aulas (Maranhão, 2017). Em continuidade à parceria com a Uema, a APMGD já formou mais de 700 oficiais e, atualmente, tem 200 cadetes em processo de formação (Figura 6).

Figura 6 – Formatura de Espadim da APMGD

Fonte: Maranhão (2017b)

3.3 Processo seletivo dos Cursos de Formação de Oficiais: CFO/BM e CFO/PM do Maranhão

O ingresso para ambos os cursos, CFO/BM e CFO/PM, dá-se por meio do vestibular da Uema, mas possui processos seletivos diferenciados em relação aos demais cursos de graduação da universidade, sendo composto por cinco fases (Quadro 1):

Quadro 1 – Fases do processo seletivo do CFO/BM e do CFO/PM

1ª Fase	Exame intelectual do vestibular (Paes, 1ª e 2ª etapa) – Caráter classificatório e eliminatório – Sob a responsabilidade da Uema
2ª Fase	JMS (exames médicos, biométricos e odontológicos) – Caráter eliminatório – Sob a responsabilidade de CBMMA e PMMA
3ª Fase	TAF – Caráter eliminatório – Sob a responsabilidade de CBMMA e PMMA

4ª Fase	Exames psicotécnicos – Caráter eliminatório – Sob a responsabilidade de CBMMA e PMMA
5ª Fase	Avaliação documental – Caráter eliminatório – Sob a responsabilidade de CBMMA e PMMA

Fonte: Uema (2022)

Na terceira fase, do TAF, os exercícios exigidos para os candidatos executarem são um pouco distintos em relação ao CFO/BM e ao CFO/PM, conforme especificados nos Quadros 2 e 3.

Quadro 2 – TAF do CFO/BM

Exercícios	Teste aquático (natação 100 m)
	Teste de flexão de braços
	Teste de flexão de braços na barra fixa para homens
	Teste de resistência de barra fixa para mulheres
	Teste abdominal tipo Pollock
	Teste de corrida de velocidade (50 m)
	Teste de corrida de resistência (2.400 m)

Fonte: Uema (2022)

Quadro 3 – TAF do CFO/PM

Exercícios	Teste aquático (natação 50 m)
	Teste de flexão de braços para mulheres
	Teste de flexão de braços na barra fixa para homens
	Teste abdominal tipo remador
	Teste de meio sugado

Exercícios	Teste de corrida de resistência (2.500 m para homens)
	Teste de corrida de resistência (2.100 m para mulheres)

Fonte: Uema (2022)

Após aprovação nas cinco fases do processo seletivo, os candidatos tornam-se alunos oficiais, denominados de "cadetes", e, a partir da matrícula no CFO, são automaticamente matriculados como servidores públicos estaduais do Maranhão e recebem salário compatível com o posto de cadete, seguindo na carreira militar, até, no mínimo, o posto de capitão.

Essas fases possuem critérios e índices definidos e com maior probabilidade de inaptidão dos candidatos com deficiência, bem como a própria grade curricular dos cursos, com disciplinas que exigem altos níveis de esforço e condicionamento físico. Nesse contexto, os editais dos processos seletivos anteriores ao ano de 2020 não incluíam cotas para pessoas com deficiência no CFO/BM e CFO/PM da Uema.

Embora as universidades tenham se adaptado para receber discentes com deficiência a partir do Aviso Circular 277/ME/GM, que trata da criação de condições de acesso e permanência de alunos com necessidades especiais, incluindo aqueles com deficiência nas instituições de educação superior (Brasil, 1996), somente após a Lei 13.409, de 28 de dezembro de 2016, que altera a Lei 12.711, de 29 de agosto de 2012, para dispor sobre a reserva de vagas para pessoas com deficiência nos cursos técnico de nível médio e superior das instituições federais de ensino, é que as referidas pessoas passam a ter o direito legal a cotas e/ou reserva de vagas nos editais das instituições de ensino superior (Brasil, 2016).

No contexto abordado, somente no ano de 2020 é que as pessoas com deficiência puderam participar, por meio de cotas, do processo seletivo para o CFO/BM e o CFO/PM, após a Retificação 05/2020-Paes PCD 2020, do Edital 42/2019 GR/Uema, que não contemplava pessoas com deficiência (Uema, 2019).

Após liminar do juiz Douglas Martins, a Uema divulgou uma retificação no edital do Paes/2020, constando, pela primeira vez, cotas para pessoas com deficiência nos Cursos de Formação de Oficiais do Corpo de Bombeiros e Polícia Militar do Maranhão. Portanto, ainda há muitas barreiras a serem eliminadas ou minimizadas em prol das etapas do processo seletivo (junta médica de saúde, teste de aptidão física e teste psicotécnico), bem como no processo de ensino-aprendizagem dos discentes durante o referido curso de formação (Uema, 2019).

4

OS DESAFIOS DO ACESSO E DA PERMANÊNCIA NOS CURSOS DE FORMAÇÃO DE OFICIAIS BM E PM DO MARANHÃO

4.1 Os participantes da pesquisa

Participaram do estudo 24 pessoas, entre elas 16 cadetes com deficiência, de um total de 17 aprovados nos Cursos de Formação de Oficiais Bombeiro Militar e Formação de Oficiais da Polícia Militar do Maranhão pelo processo seletivo de cotas da Uema, a partir do ano de 2020, pois um cadete, após a coleta de dados, solicitou ser retirado da pesquisa. E oito profissionais que fazem parte da Diretoria de Ensino, da Coordenação do CFO/BM e do CFO/PM, da Comissão de TAF e da Junta Médica de Saúde de CBMMA e PMMA. Eles foram subdivididos em dois grupos:

O primeiro grupo (G1) é constituído por 16 participantes com deficiência aprovados no CFO/BM e no CFO/PM, sendo 14 cadetes e 2 aspirantes a oficial formados no CFO/BM. Entre eles, oito têm visão monocular; um tem monoparesia da perna esquerda; um tem amputação de falange distal; um tem fíbula invertida; dois têm sequelas de pés congênitos; um tem pé plano congênito; um tem amiotrofia muscular na mão; e um tem perda auditiva parcial nos dois ouvidos. Treze deles pertencem ao sexo masculino e três ao sexo feminino. Seis são do CFO/BM e dez são do CFO/PM. Faixa etária de 22 a 39 anos. São identificados neste estudo por P1 a P16.

O segundo grupo (G2) é constituído por dois profissionais da Diretoria de Ensino, dois profissionais da Coordenação do CFO/BM e do CFO/PM, dois presidentes da Comissão de TAF e dois representantes da Junta Médica de Saúde de CBMMA e PMMA que participaram do processo seletivo dos candidatos com deficiência, a partir do ano de 2020 (Quadro 4).

Quadro 4 – Distribuição dos participantes do G2

Diretoria de Ensino	Coordenação CFO	Comissão de TAF	Junta Médica de Saúde
DE/BM	ABM	TAF/BM	DS/BM
DE/PM	APM	TAF/PM	DS/PM

Fonte: dados da pesquisa realizada pelos autores

4.2 O percurso da inclusão de pessoas com deficiência no CFO/BM e no CFO/PM do Maranhão

Desenvolveu-se uma pesquisa exploratória, descritiva, com abordagem qualitativa e enfoque interdisciplinar, no Corpo de Bombeiros Militar e na Polícia Militar do Maranhão, após a aprovação do Comitê de Ética – CEP/Conep/Ufma – Parecer Consubstanciado 6.196.466.

Neste espaço são apresentados os resultados obtidos, as análises e discussões que se fizeram necessárias. No primeiro momento, expomos os dados obtidos por meio das entrevistas aplicadas aos alunos com deficiência do CFO/BM e do CFO/PM, pertencentes ao primeiro grupo (G1). No segundo, os dados obtidos dos questionários aplicados com os profissionais da área de ensino, coordenação, saúde e Comissão de TAF, pertencentes ao segundo grupo (G2).

a. **Grupo 1 – alunos/cadetes com deficiência do CFO/BM e do CFO/PM**

4.2.1 Dificuldade durante as inscrições no vestibular

Ao serem questionados se tiveram algum tipo de dificuldade durante a inscrição no vestibular da Uema, em relação às cotas para pessoas com deficiência, 14 participantes responderam que não; 2 falaram que sim. A seguir, os relatos dos que tiveram dificuldades durante as inscrições:

> *Sim, foi indeferido o meu laudo médico, disseram que meu grau de incapacidade era insuficiente para deficiência, como se eu não tivesse deficiência. E eu entrei com recurso administrativo e foi indeferido, e depois entrei com uma liminar judicial através da defensoria pública e depois a inscrição foi deferida.* (P11).
>
> *Sim, eu tive dificuldade. A UEMA negou o meu laudo, apesar de ter usado o mesmo laudo para fazer a prova do início do ano e no início do ano, o laudo foi deferido. Fiz uma medida administrativa e foi negado. E precisei fazer uma medida judicial através do ministério público.* (P14).

Pelos relatos apresentados, nota-se que houve dificuldade na aceitação dos laudos médicos de comprovação da deficiência, indicando que a Uema teve uma abordagem rigorosa na avaliação das documentações, o que pode ser interpretado como uma barreira, mas também como uma forma de segurança da universidade contra possíveis fraudes ou equívocos nas cotas direcionadas às pessoas com deficiência.

Nesse contexto, é necessário conhecer a Lei 13.409/2016, também chamada de Lei de Cotas, estabelecida em 28 de dezembro de 2016, que institui a reserva de vagas para pessoas com deficiência nos cursos técnicos de nível médio e superior das instituições federais de ensino. Essa lei visa assegurar o princípio da isonomia nos concursos públicos, possibilitando equidade na concorrência e/ou competição entre todas as pessoas, assim como o entendimento de que pessoas com deficiência poderão contribuir socialmente, se lhes forem dadas condições e oportunidades justas (Brasil, 2016).

Entretanto, percebe-se uma variação na avaliação dos laudos médicos: P14 menciona que seu laudo médico foi aceito e sua inscrição deferida no vestibular anterior, mas negadas no vestibular posterior. Isso mostra uma incoerência na avaliação dos laudos por parte da Uema, o que pode gerar incerteza aos candidatos. Em vista disso, Rebelo (2008) recomenda exigir, na inscrição dos candidatos cotistas, a comprovação da condição de reabilitado ou de pessoa com deficiência habilitada, de forma a evitar problemas na admissão.

Nessa situação, ambos os participantes tiveram recurso administrativo indeferido, tendo que recorrer à intervenção judicial para terem a inscrição deferida. Isso mostra, conforme os estudos de Rebelo (2008), que a garantia dos direitos das pessoas com deficiência no acesso aos concursos muitas vezes depende do sistema judiciário. Esse tratamento jurídico dado às pessoas com deficiência evoluiu muito ao longo dos anos, com inúmeros instrumentos de proteção às referidas pessoas (Lorenzon, 2009).

4.2.2 Intercorrências durante a etapa do processo seletivo perante a Junta Médica de Saúde

Na questão se houve alguma intercorrência durante a etapa do processo seletivo perante a Junta Médica de Saúde e se houve necessidade de alguma medida administrativa e/ou judicial, 11 participantes responderam que não houve nenhuma intercorrência durante o referido processo; 5 relataram que sim. A seguir, as falas dos que tiveram intercorrência:

> *Nessa etapa eu fui eliminado, eles me consideraram que não era capaz de exercer a função de bombeiro. Aí entrei com medida administrativa que não foi aceita e depois fiz uma ação judicial e consegui retornar ao certame.* (P1).

> *Eu fui eliminado nessa etapa e na resposta que saiu eu fui considerado inapto. Foi feito uma medida administrativa solicitando o motivo da eliminação, pois até então eu não sabia, apenas meu nome não saiu na lista dos aptos. Após a medida administrativa, obtive a resposta que eu não fui considerado apto para exercer a função de BM, após isso, eu entrei com um mandado de Segurança para poder prosseguir nas demais fases.* (P2).

> *Eu fui reprovado. Fiz o processo simplificado de exames por já ser soldado da PM, e fui desclassificado no exame de vista, mesmo eu já sendo da PM e tendo me inscrito em curso operacional da PM, onde apresentei os mesmos exames e para esse curso, foi deferido, mas para o CFO, não. Fiz uma medida administrativa que foi negada, e precisei entrar judicialmente.* (P7).

> Sim, fui eliminado e entrei com medida administrativa, que foi indeferida e depois disso entrei com medida judicial. (P9).
>
> Sim, fui reprovado pela deficiência. Entrei com recurso administrativo e foi barrado, e posteriormente entrei com recurso judicial. (P10).

A análise dos relatos revela a complexidade da avaliação médica nas corporações militares e ressalta questionamentos em relação à transparência e à consistência dos critérios de avaliação. Constata-se que os participantes sentiram a necessidade de saber o motivo da reprovação; precisaram entrar com medida administrativa para saberem das justificativas e posteriormente medida judicial para poderem permanecer no certame.

Essa situação revela que, assim como na fase de inscrição, a fase da JMS também requer que os candidatos com deficiência recorram ao Judiciário para garantia dos seus direitos, o que torna o processo demorado e oneroso para os candidatos (Rebelo, 2008). Nesse viés, torna-se a citar Lorenzon (2009), por enfatizar a importância do Estado em fiscalizar e garantir os direitos de acesso à educação superior e ao trabalho pelas pessoas com deficiência.

No relato do participante P1, sua deficiência foi considerada incompatível com a função, mas a justificativa não foi aceita pelo Judiciário, e, assim, retornou ao certame. Isso reforça a necessidade de clareza e publicidade nos critérios de avaliação.

Sobre o processo seletivo para o atendimento das cotas de pessoas com deficiência, Rebelo (2008, p. 62) sugere que, na especificação das cotas, as etapas do processo seletivo devem estar muito bem definidas: a explicitação da etapa da Junta Médica de Saúde e a obrigatoriedade do candidato em ser avaliado presencialmente, "assim como, a realização de avaliações práticas e exames específicos, complementares e com profissionais especializados".

No contexto abordado, Borchartt (2021, p. 62) esclarece que:

> Essa avaliação deve ser pautada em critérios científicos e objetivos, sempre correlacionados ao cargo almejado. Essa inspeção indicará se o candidato

está apto física e mentalmente para o exercício das funções, e, caso ele venha a ser considerado inapto, é necessário realizar a descrição detalhada dos motivos que ensejaram sua eliminação, bem como a demonstração através do laudo médico de profissional específico da área. Deve ser feita de forma coerente para que não suscite uma possível discriminação em razão da deficiência.

Considerando esse cenário, faz-se relevante questionar: qual o entendimento do sistema judiciário em relação ao que é fundamental para o exercício da função militar? Até que ponto determinada deficiência pode ser um empecilho à operacionalização de determinadas funções? Qual é a linha tênue entre a discriminação e a realidade das funções militares? Estariam alguns cadetes, futuros oficiais, com certas deficiências correndo riscos de vida ou colocando seus pares em risco em situações específicas? Essas e outras questões é importante registrar para posterior investigação.

O relato do participante P7, que, mesmo sendo soldado da PM, foi reprovado no exame de vista, mas aprovado em outro curso da PM, ao qual apresentou os mesmos exames, mostra possíveis inconsistências nas avaliações da JMS e evidencia a necessidade de revisão nas diretrizes e nos critérios avaliativos.

Esses casos ilustram a importância de garantir transparência e a revisão contínua dos critérios de avaliação médica para evitar equívocos e garantir que os candidatos com deficiência sejam tratados com equidade. Assim como a certeza de que os critérios avaliativos descartem os estigmas, crenças e discriminações em relação às pessoas com deficiência (Goldfarb, 2009).

Diante dos fatos, é imprescindível a apresentação de diretrizes em relação às funções dos militares, a real necessidade de determinadas atividades, os riscos dessas funções, o que é compatível ou não em relação à determinadas deficiências, justamente para esclarecer tanto a pessoa com deficiência quanto o Judiciário, que não pode impor um aceite sem conhecer os reais motivos nos quais essas corporações estão embasadas.

4.2.3 Adaptações para realizar a etapa do TAF

Na questão se precisaram de alguma adaptação para realizar a etapa do TAF e se foram disponibilizadas pela corporação opções de adaptações, 15 responderam que não; 1 falou que sim, conforme as falas a seguir:

> *Não, mas realizei com muita dor. (P5).*
>
> *Precisei de uma adaptação, entretanto não foi disponibilizado nenhuma adaptação. (P10).*
>
> *Os avaliadores perguntaram se era preciso alguma adaptação no TAF e eu falei que não precisava. (P11).*

Esses relatos mostram a importância de políticas de acessibilidade e suporte nos concursos que possuem etapas com provas práticas. Bem como de assegurar em edital o direito de adaptações para candidatos com deficiência, conforme previsto na LBI (Brasil, 2015). Nesse sentido, Gugel (2019) enfatiza a relevância da atuação de uma equipe multiprofissional na elaboração e aplicação das provas.

4.2.4 Necessidade de alguma medida administrativa e/ou judicial

Na questão se houve reprovação no TAF e se houve necessidade de alguma medida administrativa e/ou judicial, 15 disseram que não; 1 respondeu que sim. A seguir, a fala de P10:

> *Sim, fui reprovado na corrida aeróbica, eu precisava de um tempo mais alto. Fiz um recurso administrativo e consegui realizar o certame após fazerem adaptação.*

O relato de P10 destaca a relevância da adaptação e flexibilidade nos concursos públicos que possuem etapas de teste físico, bem como a atenção às necessidades individuais de cada candidato com deficiência. Nessa questão, faz-se importante destacar o direito dos candidatos em solicitar determinadas adequações e/ou tecnologias assistivas, que devem ser disponibilizadas visando à equidade de oportunidades em concorrer por uma vaga, levando-se em consideração a especificidade da deficiência, conforme previsto na LBI (Brasil, 2015). Isso não significa que o candidato com deficiência, simplesmente por ter deficiência, vá ser aprovado sem os pré-requisitos necessários ao cargo que almeja. Ressalta-se a importância de um estudo das adequações do TAF, para que possam ser previstas nos editais.

4.2.5 Adequação durante as disciplinas do CFO

Na pergunta se, durante as disciplinas cursadas no CFO, precisaram de alguma adaptação para participarem das aulas e/ou realizarem provas e se estas foram ofertadas pela corporação durante as disciplinas práticas, 13 responderam que não (entre estes, há os que complementam dizendo que ainda não precisaram e os que ainda podem precisar); 3 disseram que sim, conforme as falas, a seguir:

> *Até o momento, não foi preciso nenhuma adaptação.* (P1).
>
> *Não foi preciso nenhuma adaptação.* (P2).
>
> *Ainda não foi preciso, mas creio que vá precisar de algumas adaptações em disciplinas da parte física, pois dentro dos limites da minha deficiência, há atividades físicas que eu consigo executar, mas quando há uma sobrecarga, eu preciso de um apoio, e ainda não fiz nenhuma solicitação de adaptação, mas pretendo fazer.* (P3).
>
> *Tive dificuldades na disciplina de Ordem Unida, pois como eu já fiz 3 cirurgias nos pés, o meu pé sempre incha quando fico muito tempo em pé na mesma posição, mas eu tive que me adaptar e fazer as atividades mesmo com o pé inchado, e essa é a minha dificuldade. E vou precisar de adaptações das disciplinas de Salvamento Aquático e Treinamento Físico Militar. No primeiro momento não foi ofertado adaptações, mas o comandante da academia me chamou e me informou que podemos solicitar adaptações e é isso que eu vou fazer no 2º semestre, aí vou ver qual será a adaptação.* (P4).

Sim, precisei. Solicitei administrativamente, porém não foi aceito e depois teve que ter uma intervenção da defensoria pública do Estado, para uma prova de natação de 1km e corrida de 10km. E após isso, foi feito uma adaptação. Em outra disciplina (salvamento aquático) fui reprovada, pois não foi permitido que eu entrasse no mar e na piscina, e em salvamento terrestre, eu não fui permitida de fazer as provas práticas. E com isso também fui reprovada. E tive que fazer as duas disciplinas posteriormente com as adaptações. Sobre a Corporação oferecer adaptação, só foi ofertado após solicitação, depois de ter sido feita uma portaria pelo Comandante-Geral, onde as pessoas com deficiência teriam direito à adaptação nas provas práticas, porque até então, não se tinha essa portaria. (P5).

Não precisei de nenhuma adaptação. (P6).

Até o momento, eu cumpri todas as exigências das disciplinas e eu consegui cumprir tudo que me foi exigido até agora. (P7).

Foi necessária uma adaptação da disciplina de tiro, em progressão de fuzil. Eu tive dificuldade em atirar com o lado direito do fuzil e então eu adaptei para que eu pudesse visualizar. Foi ofertado a mudança de lado na plataforma de tiro. (P8).

Não foi preciso nenhuma adaptação. (P9).

Não foi preciso. (P10).

Até o momento não foi preciso, mas todos os instrutores se mostram abertos para que possam ser feitos adaptações conforme as necessidades. (P11).

Não foi preciso. (P12).

Até o momento, eu consegui realizar todas as atividades sem precisar de adaptação. (P13).

Até agora não foi preciso nenhuma adaptação, mas eu não consigo ficar muito tempo em marcha, porque eu tenho algumas dores, só que já foi alinhado com a comandante de pelotão que ela permite que eu saia quando é preciso. Quanto a ofertarem adaptação, eles permitem que eu saia de forma na tropa. (P14).

Não, pelo contrário, na disciplina de tiro eu tive um pouco de vantagem pela visão já ser monocular e com isso tive facilidade em executar a mira e minha nota foi acima da média de notas dos demais cadetes. (P15).

Até agora, não precisei de nenhuma adaptação. (P16).

A análise dos relatos mostra uma variedade de experiências. Dentre os participantes que não precisaram de adaptações, destaca-se a capacidade deles de cumprir com todas as exigências das disciplinas práticas do CFO. Alguns reconhecem que podem enfrentar dificuldades físicas, conforme as exigências, mas que conseguem superar essas dificuldades sem precisar de adaptações imediatas.

Por outra perspectiva, os participantes que precisaram ou que precisarão de adaptações mencionaram que enfrentam dificuldades físicas em relação às suas respectivas deficiências em algumas disciplinas específicas. O relato de P5 destaca que foi preciso a Defensoria Pública do estado intervir para garantir o direito de adaptação em algumas disciplinas, e, depois de fazerem as adaptações, conseguiu concluir as disciplinas.

O relato de P15 destaca que sua deficiência lhe conferiu uma vantagem específica na disciplina de tiro, sendo um exemplo de como a diversidade de habilidades pode ser valiosa em pessoas com deficiência.

Os relatos apontam que a inclusão de pessoas com deficiência no CFO/BM e no CFO/PM ainda é um desafio a ser superado. Enquanto a maioria dos participantes não precisou de adaptações, demonstrando que são capazes de cumprir as mesmas exigências dos cadetes sem deficiência, nos relatos dos participantes que precisaram ou que precisarão de adaptações futuras, destaca-se a necessidade de adaptações específicas e flexibilidade em relação às necessidades individuais dentro de cada deficiência. Sobre o referido assunto, Chahini (2016) pontua que é preciso acreditar no potencial humano das pessoas com deficiência, visto que elas são capazes de se adaptar a qualquer cenário, desde que se promova equidade de oportunidades.

Destarte, ressaltam-se os estudos de Goldfarb (2009), sobre quebrar os estigmas de que as pessoas com deficiência são incapazes de realizar o trabalho proposto. Garantir a equidade de oportunidades para todos os cadetes é primordial para promover a inclusão de pessoas com deficiência nas corporações militares.

Sobre a mesma questão, ressaltamos a importância das dimensões da acessibilidade, cunhadas por Sassaki (2019), visando à eliminação de barreiras, no caso específico, as arquitetônicas (acesso sem barreiras físicas) e as instrumentais (acesso sem barreiras nos instrumentos, ferramentas, utensílios, tecnologias), assim como as adaptações razoáveis sinalizadas pela Lei Brasileira de Inclusão da Pessoa com Deficiência, para assegurar que as pessoas com deficiência possam exercer, em igualdade de condições e oportunidades com as demais pessoas, todos os direitos e liberdades fundamentais (Brasil, 2015).

Contudo, importante deixar registrado que assegurar que todos tenham as mesmas oportunidades, levando-se em consideração suas necessidades específicas, não significa aprová-los sem nenhum critério. É preciso que, durante o processo seletivo, sejam disponibilizadas todas as adequações indispensáveis e justas ao candidato com deficiência, de acordo com o ordenamento jurídico, mas o candidato tem que passar por todas as etapas determinadas pelo edital do concurso e lograr êxito; caso contrário, estará eliminado, assim como acontece com qualquer pessoa sem deficiência.

4.2.6 Realização das atividades práticas no CFO

Na questão se durante o curso houve dificuldades para realização de atividades práticas, os participantes relataram que:

Até o momento eu não tive nenhuma dificuldade. (P1).

Até o momento eu estou conseguindo realizar todas as atividades normalmente. As dificuldades que eu tive durante o curso foi porque eu ainda estou me adaptando em relação ao meu posicionamento e espaço, pois a minha deficiência foi adquirida e ela está recente, tem só 2 anos, e eu ainda tenho um pouco de dificuldade com a questão de posicionamento e espaço. (P2).

A minha dificuldade, como ela é motora, eu exijo muito da parte que não tem deficiência, então é muito difícil fazer as atividades físicas que exijam longo tempo de duração, como uma corrida longa por tempo ou por distância, pois exige muito do meu corpo, mas por enquanto eu estou conseguindo, mas eu vejo que vai elevar o nível e eu creio que vou precisar de adaptações. (P3).

Minha dificuldade é ficar muito tempo parado em pé, devido às cirurgias e eu não tenho muita força nas pernas, e com isso, vou sentir dificuldade na disciplina de Salvamento Aquático. (P4).

Atividades extenuantes e excesso de carga. (P5).

Não tive nenhuma dificuldade. (P6).

A única atividade que eu sinto dificuldade em relação a minha deficiência é a questão da progressão tática no lado esquerdo, na disciplina de tiro, então eu sempre compenso essa dificuldade não trocando de plataforma total, só parcial, e dessa forma, conseguindo cumprir com o exigido. (P7).

Somente a dificuldade de atirar de um lado do fuzil, no demais não tive outras dificuldades. (P8).

Ainda não apresentei nenhuma dificuldade. (P9).

Tive dificuldade apenas nas corridas, pois corro em um tempo diferente dos demais. Durante os corridões, eu fico um pouco para trás, porque tenho uma certa debilidade nos pés, então isso dificulta a minha corrida, só que fora isso, não tem nada demais, não é um impedimento. (P10).

Até o momento não tive dificuldades nas atividades práticas, mas eu trabalho dentro das minhas limitações, até onde dá para eu fazer. (P11).

Não tive nenhuma dificuldade. (P12).

> Até o momento, a parte que tenho um pouco de dificuldade é na disciplina de ordem Unida, na questão de alinhamento, por conta da visão periférica. Eu preciso virar um pouco a cabeça, mas estou conseguindo me adaptar. (P13).
>
> A minha maior dificuldade é a dor, porque todos nós temos que ter um bom estado físico para exercer as atividades físicas. (P14).
>
> Algumas atividades práticas exigem um pouco da visão periférica e para evitar acidentes em algumas atividades, a gente tem que tomar um pouco mais de cuidado, mas nada que interfira no desenvolvimento da atividade, sem precisar de adaptações. (P15).
>
> Até agora, não senti nenhuma dificuldade. (P16).

Quanto aos relatos dos participantes, os dados refletem a profundidade das experiências das pessoas com deficiência nos contextos dos cursos de formação que envolvem atividades físicas. As falas evidenciam a capacidade de adaptação, superação e determinação dos cadetes com deficiência diante dos desafios físicos que a profissão e o CFO exigem.

Entre os participantes que relataram não apresentar dificuldades em relação às atividades práticas (P1, P2, P6, P9, P11, P12, P15, P16), isso destaca a capacidade de adaptação de suas deficiências às atividades exigidas. Os relatos de P7 e P8 mostram como algumas dificuldades podem ser superadas por meio de adaptações pessoais e que não influenciam o cumprimento da atividade proposta. P13 enfatiza que dificuldades específicas podem ser superadas com pequenas adaptações. Sobre os dados explanados, Ribas (2000) reforça que o desempenho satisfatório dos alunos/cadetes com deficiência mostra que todas as pessoas têm características distintas, mas isso não as coloca em uma posição de desvantagem.

As dificuldades relatadas por P4, P5 e P14 foram relacionadas à intensidade e ao tipo de atividade física exigidos em disciplinas específicas. Essas dificuldades são ligadas às limitações físicas impostas pela deficiência de cada participante. P10 tem dificuldades em corridas aeróbicas devido à particularidade de sua deficiência, e, mesmo com suas limitações, realiza as atividades em um tempo maior, o que demonstra que, não obstante suas limitações físicas, ele se esforça para concluir as atividades.

Os relatos convergem com os estudos de Fonseca (2001), ao relatar que as limitações das pessoas com deficiência são, em sua maioria, barreiras superáveis. Nesse prisma, Hunt (1966) destaca o modelo social da deficiência, em que muitas limitações de pessoas com deficiência não são inerentes à condição da própria deficiência, mas sim em decorrência das barreiras sociais, atitudinais e ambientais. Assim, cabe à sociedade desempenhar relevante papel na desconstrução dessas barreiras.

Além disso, registramos, novamente, que há situações diversas em relação à real limitação da deficiência em desenvolver certas atividades inerentes à função militar, e estas devem ser bem explicitadas, pois algumas necessidades específicas de habilitações ou reabilitações serão suplantadas, outras não.

Diante dos fatos, é mister enfatizar que, dependendo da função e da deficiência, dadas todas as condições necessárias e feitas todas as adequações possíveis, infelizmente há certas deficiências que limitam o desenvolvimento de certas funções. Podemos registrar, apenas para exemplificar a que estamos nos referindo, que a pessoa cega não consegue passar no exame de trânsito e tirar sua habilitação, pois a condição da cegueira implica a condição de inapto à função. Talvez em um futuro próximo, com o avanço da tecnologia, isto venha a ser possível, mas no atual momento não é; caso contrário, a pessoa cega tanto viria a colocar a vida dela em perigo quanto das demais pessoas.

Por tanto, faz-se urgente criar diretrizes sobre quais são as funções desenvolvidas pela corporação e qual a relação com as exigências de aptidão física e os cargos a serem desenvolvidos pelos cadetes e futuros oficiais militares do Maranhão.

Diante dos fatos, Ribas (2011) esclarece que a falta de conhecimento sobre as deficiências suscita preconceitos e dificulta o processo de inclusão nas instituições. Definir eliminando toda forma de discriminação, preconceitos, estigmas e desvalorização do potencial humano da pessoa com deficiência, definir quais são as funções militares que podem ser desenvolvidas levando-se em consideração a deficiência, é primordial para que todos saibam o que é viável e o que não é, o que vai ser possível desenvolver e o que infelizmente não será possível. Isso trará esclarecimentos e fará com que todos entendam que, em certas funções operacionais militares, não dá para pular etapas, existe um processo de formação necessário pelo qual todos devem passar para se capacitar ao exercício das funções e atividades que serão desenvolvidas por cada um.

4.2.7 O exercício das funções operacionais e administrativas na corporação

Quando foram indagados se, após formados, pretendiam exercer funções operacionais ou funções administrativas na corporação, os relatos sinalizaram o seguinte:

> *Eu acredito que um pouco dos 2. Tenho interesse nas duas funções.* (P1).

> *Pretendo exercer as funções operacionais. Entrei no Corpo de Bombeiros com esse intuito de trabalhar na parte operacional e acredito que a deficiência não irá me impedir de atuar nessa área. É um sonho e é uma realização pessoal para mim que é onde eu quero atuar.* (P2).

> *Depois de formado eu estou pronto para assumir qualquer função, seja administrativa ou operacional, não tenho nenhuma área específica, para mim, tanto faz.* (P3).

> *Pretendo me adaptar à profissão e atuar na área operacional e administrativa, pois os oficiais trabalham nas duas áreas.* (P4).

> *Ambas funções, mas principalmente operacional na área de salvamento terrestre que é a área que eu mais gosto, pois foi em uma disciplina que eu me destaquei e que eu já fazia algumas coisas relacionada à essa área quando era policial militar. Apesar de no momento eu não estar exercendo a função operacional, eu espero que no futuro eu possa exercer.* (P5).

Não tenho preferência, podem ser ambas as funções. (P6).

Eu me sinto tranquilo em receber qualquer missão e não tenho pretensão de ficar apenas em um local, eu pretendo servir de diferentes formas na minha carreira após formado. (P7).

Não tenho preferências, posso trabalhar nas duas áreas. (P8).

Operacional. (P9).

Pretendo exercer as funções operacionais, se assim Deus permitir e adentrar na força tática, porque é algo que eu sempre almejei, aquele sonho de criança que eu sei que posso realizar. (P10).

Pretendo nas duas áreas, mas me interesso mais no área operacional. Porque apesar das minhas limitações como pessoa com deficiência, eu tento sempre me inserir no contexto de estar junto as pessoas sem deficiência, pois não gosto de me isolar e me vitimizar. (P11).

Ainda não me decidi, mas dado a minha limitação, ainda não sei qual área. (P12).

Ainda não tenho preferência, qualquer uma das áreas está boa para mim. (P13).

Hoje, por ver a minha situação, eu prefiro futuramente seguir na área administrativa. (P14).

Sempre tive preferência para parte de gestão, pois já trabalhei em outras empresas (11 anos na Vale) e vim para a PM para realizar um sonho desde criança de ser policial. Então quando surgiu o concurso, eu já vim focado na ideia de ser PM, mas sempre voltado para gestão de comando, na área administrativa. (P15).

Tenho preferência pela área administrativa, mas em qual me colocarem, não tem problema. (P16).

Após análise dos dados, percebe-se que as escolhas dos participantes variam entre as funções operacionais e administrativas, o que reflete a capacidade de adaptação e a vontade de contribuir com a instituição. Porém, essas escolhas não ocorrem no início da formação, somente após a conclusão do curso; depois do cumprimento de todos os créditos e etapas do curso é que há a possibilidade de um remanejamento de funções. Isso implica dizer, mais uma vez, que, durante a formação de cadetes, futuros oficiais militares, não dá para pular etapas, isto é, escolher as funções e atividades que pretende desenvolver, pois todas fazem parte da formação militar.

Nessa questão, cabe dizer que praticamente todas as funções administrativas do Corpo de Bombeiros e da Polícia Militar podem ser exercidas por pessoas com deficiência. Nesse prisma, cita-se Ribas (2011), ao ressaltar que nenhuma pessoa com deficiência deixará de atingir as metas e os resultados almejados, desde que sejam disponibilizados os recursos necessários ao seu alcance. Essa afirmação do autor pode estender-se a algumas atividades operacionais.

Visando esclarecer sobre as funções operacionais desenvolvidas por militares, apresentam-se dois exemplos: no Corpo de Bombeiros, especificamente na função de mergulhador de resgate, a visão monocular não impede a realização eficaz do trabalho, pois não há visibilidade no meio aquático; e, na Polícia militar, a função da Ronda Escolar feita por policiais nas escolas e a Patrulha Maria da Penha, que atua no enfrentamento à violência doméstica.

Os participantes P2, P5, P9, P10 e P11 demonstraram interesses e objetivos na área operacional, mesmo enfrentando os desafios de suas respectivas deficiências. Esse interesse retrata a determinação e autoconfiança em suas capacidades e habilidades de superar as barreiras e preconceitos e, dessa forma, contribuir de forma significativa em suas funções profissionais. P14 e P15 têm interesse pela área administrativa, e citam interesses pessoais e experiências profissionais anteriores. P1, P3, P4, P6, P7, P8, P12, P13 e P16 tiveram uma abordagem equilibrada, expressando interesse em exercer ambas as funções; isso demonstra a versatilidade e adaptabilidade dos participantes que estão dispostos a trabalhar em qualquer função que lhes seja atribuída.

Pode-se aplicar nessa análise a teoria da escolha racional (Friedman; Savage, 1948), em que as pessoas tomam as decisões de acordo com seus objetivos e suas preferências pessoais. Essas escolhas são feitas pelo desejo de ampliar o próprio bem-estar e satisfazer suas necessidades individuais. Nesse sentido, os participantes estão considerando suas próprias habilidades, seus interesses e suas vontades profissionais.

Esses relatos demonstram que os cadetes com deficiência estão interessados e motivados em contribuir e mostrar serviço no Corpo de Bombeiros e na Polícia Militar do Maranhão, independentemente das barreiras e dificuldades que possam enfrentar. Sobre a referida temática, Fonseca (2001, p. 46) faz o seguinte esclarecimento:

> A pessoa com deficiência sabe de sua capacidade e que a deficiência pode colocar limitações para realizar determinadas atividades, mas também sabe que isso não implica deixar de realizar toda e qualquer atividade. A pessoa com deficiência tem condições de escolher uma tarefa e de realizá-la com consciência e participação ativa se estimulada, educada e treinada para tal. Existe sempre um tipo de trabalho que a pessoa com deficiência pode realizar com competência e que lhe possibilite uma realização profissional.

Nesse sentido, as perspectivas sobre a diversidade das escolhas refletem a profundidade dos interesses pessoais e a importância de proporcionar uma flexibilidade para atender às necessidades específicas de cada pessoa com deficiência para promover uma força de trabalho inclusiva. Pois, nesse cenário, como relatado por Marques (2001), o preconceito ainda é um dos grandes obstáculos, que faz com que pessoas com deficiência recebam funções e posições muito abaixo de suas reais potencialidades.

Levando-se em consideração as colocações dos referidos autores, neste momento histórico da inclusão de pessoas com deficiência nas corporações militares, todo cuidado é pouco, pois, como já foi registrado neste estudo, há deficiências que trazem limitações para o desenvolvimento de certas funções operacionais, mesmo após todas as adequações, tecnologias assistivas e acessibilidade disponibilizadas.

4.2.8 Desafios do acesso, da permanência e na conclusão dos cursos de oficiais

Quando questionados sobre quais eram os principais desafios a serem superados para que pessoas com deficiência tivessem direito de acesso, permanência e conclusão nos Cursos de Formação de Oficiais, os relatos sinalizam o seguinte:

> *Como é algo novo, vão ter momentos que essas pessoas vão precisar, dependendo da deficiência, de testes adaptados, mas não é o caso da minha deficiência. Eu vejo como principal desafio é a questão da adaptação que algumas pessoas com deficiência vão precisar. (P1).*
>
> *Eu acho que tem que ter algumas adaptações de acordo com a deficiência dos candidatos. Eu vejo que muitos candidatos têm condições de entrar no corpo de bombeiros e atuar em alguma área, visto que temos diversas áreas de atuação. (P2).*
>
> *Teve uma evolução e estamos vivendo o presente de uma evolução, de uma conquista que nós adquirimos, só que ainda faltam adaptações para as questões físicas dos deficientes durante o curso, pois durante o curso, parece que esquecem que houve a inserção das pessoas com deficiência e não tem essa preocupação em algumas disciplinas com a gente. Se não for atrás e correr e se mostrar, às vezes a gente fica numa situação meio complicada de ir atrás disso. (P3).*
>
> *Acredito que o edital precisa prever alguma adaptação e precisa ter um estudo sobre qual será o tipo de adaptação de TAF. O curso, precisa já ter uma forma de adaptação para os tipos de deficiência, de como será feito em cada deficiência. (P4).*
>
> *Superar preconceito e a discriminação são os principais desafios. E adaptação no sentido de profissionais que entendam quais as adaptações necessárias, porque ainda não temos uma comissão que esteja preparada para receber as diversas deficiências, então, a partir do momento que todos entenderem que mesmo com deficiência a gente*

pode e consegue fazer coisas que os outros conseguem, pois ter uma deficiência não nos torna melhores nem piores, apenas pessoas diferentes que lutam pelo seu espaço e que não precisam ser discriminadas. (P5).

É preciso tirar as barreiras físicas, pois a corporação não está preparada para receber pessoas com deficiência. E aceitação da própria corporação em relação às pessoas com deficiência. (P6).

Eu acho que o maior desafio é de caráter social, o capacitismo. A tropa vem da sociedade, e ainda vemos muito capacitismo. Eu mesmo já sofri uma situação bem desconfortável, no qual eu sofri retaliação por ir atrás dos meus direitos. (P7).

As portas se abrirão a partir da nossa realidade como turma pioneira com pessoas com deficiência, então precisa de mais representatividade. (P8).

Vencer o preconceito, pois o olhar das pessoas muda quando sabem que você é uma pessoa com deficiência. (P9).

O preconceito, a nossa sociedade ainda é muito preconceituosa em relação a isso e nós precisamos mostrar que a PCD, dependendo da deficiência, ela pode sim exercer uma função na PM, e é isso que nós viemos para quebrar essas barreiras. Nós somos o Estado pioneiro a incluir pessoas com deficiência na Corporação e eu acredito que isso servirá de modelo para outros Estados. Acredito que nós precisamos quebrar os preconceitos sociais e acredito que essa pesquisa que a senhora está fazendo irá minimizar os preconceitos acerca disso. (P10).

No meu ponto de vista, precisa de mais divulgação dos editais, que eu creio que é um pouco restrito. Também referente às instruções específicas para essa área, já que não temos a inclusão da pessoa com deficiência, assim como a conscientização. E acho que não tem ainda estrutura física e estrutural para receber as pessoas com deficiência. (P11).

O CFO é um curso muito exaustivo física e psicologicamente, então, nós pessoas com deficiência, temos que nos esforçar igual aos outros, mas dentro de suas limitações. (P12).

Acho que a parte da pessoa conseguir entrar no curso, precisa de um olhar mais atento a isso e abrir um pouco a mente das pessoas, pois às vezes quando olham uma pessoa deficiente, já vão logo julgando que pode ser uma pessoa problemática, que não consegue acompanhar o ritmo. Tem deficiências que tem uma necessidade mais forte de adaptações, mas tem outras que são adaptáveis ou às vezes nem precisa de adaptação. (P13).

Eu posso falar pela minha situação, quando eu cheguei aqui, eu fiquei um pouco tenso por ser uma corporação militar e não saber como informar essa situação para o superior, então eu acredito que precise de um bom acolhimento no início, porque uma pessoa com deficiência, ainda mais em uma corporação militar, não se sente tão confortável para falar abertamente sobre a sua situação, então uma boa comunicação no início faz diferença, pois um problema quando é informado, ele existe, quando não é informado, a pessoa com deficiência fica tentando suportar aquela situação. (P14).

Acredito que seja a questão de disponibilizar as vagas no concurso, pois o Estado do Maranhão é o único que disponibiliza vagas para pessoas com deficiência, então a rejeição na sociedade brasileira ainda é muito grande. Tem-se a rejeição por pessoas com deficiência, questão de adaptação e aceitação dentro do mercado de trabalho e de certo modo, a gente ainda sofre discriminação. (P15).

Quebrar a barreira que existe nos concursos militares de que a pessoa com deficiência não é capaz e que ela não pode chegar em certos locais. Baseado nisso, a gente está quebrando as barreiras e acho que a maior dificuldade é em mudar esse pensamento que pessoas têm sobre as pessoas com deficiência. (P16).

Os relatos dos participantes evidenciam os desafios dos cadetes com deficiência durante o curso e elencam as necessidades de mudanças dentro do Curso de Formação, conforme compilado a seguir.

Adaptações: P1, P2, P3, P4, P11 e P13 relatam a necessidade de adaptação nas atividades físicas durante o CFO. Para embasamento, torna-se a citar Freitas (2007), quando diz que as pessoas com deficiência podem desempenhar qualquer tipo de trabalho, desde que sejam modificadas as condições de trabalho e realizadas as adaptações necessárias. Aplica-se nesse contexto a utilização de adaptações razoáveis e conforme previsto na LBI (Brasil, 2015), visto que, de acordo com Gugel (2009), essas adaptações são primordiais para que os cadetes com deficiência possam ter condições equivalentes de participar e concluir atividades do curso.

Preconceito e discriminação: P5, P7, P9, P10, P15 e P16 destacam a importância de combater o capacitismo, pois o preconceito e discriminação ainda se fazem presente no CFO. Nesse sentido, essas atitudes desfavoráveis dificultam a inclusão dos cadetes com deficiência nas corporações militares. Como já citado por Marques (2001), o preconceito segue como um dos maiores obstáculos para aceitação e participação de pessoas com deficiência na sociedade. A quebra dessas barreiras atitudinais, conforme mencionado por Sassaki (2019), dá-se via práticas de sensibilização e conscientização por parte de todos os envolvidos.

Acolhimento e comunicação: P14 ressalta a necessidade de uma comunicação mais eficaz entre cadetes, corpo docente e coordenação para que se sintam acolhidos em relatar suas necessidades. Essa comunicação promove um melhor entendimento sobre as particularidades de cada deficiência e permite a implementação das adaptações imprescindíveis.

Em relação ao relato de P14, Nogueira (2019) destaca que a comunicação eficaz é crucial na inclusão de pessoas com deficiência. Quando cadetes e instrutores podem ter um diálogo aberto sobre suas necessidades, isso contribui para um ambiente de ensino mais inclusivo e acolhedor, fazendo com que os cadetes com deficiência tenham a oportunidade de alcançar seu pleno potencial.

Representatividade e conscientização: P8 sugere que a representatividade dos cadetes com deficiência no CFO ajuda a promover uma cultura mais inclusiva na corporação. Para embasar esse relato, concorda-se com Nogueira (2019, p. 129-130) ao dizer que:

> É necessário diminuir a invisibilidade da pessoa com deficiência no espaço educacional, fato que demonstra a importância de mantermos a circulação e participação direta dessas pessoas nos processos decisórios no percurso acadêmico e nas instituições. Quando existe a possibilidade de conviver com as minorias, a experiência do reaprender a conviver fica possível a todos.

A reflexão sobre combater a invisibilidade é pertinente não apenas na educação superior, como também no mercado de trabalho. A importância da representatividade de pessoas com deficiência no Corpo de Bombeiros e na Polícia Militar do Maranhão é de caráter pioneiro no país.

Divulgação e acessibilidade: P11 destaca a necessidade de divulgação dos editais no CFO para atrair mais candidatos com deficiência. P4 e P11 relatam que as academias militares precisam melhorar a estrutura física, de forma a promover mais acessibilidade. Dessa forma, promover ambientes acessíveis não é apenas um cumprimento legal, mas também uma mudança que fortalece a inclusão, a diversidade e a equidade (Sassaki, 2006).

Os desafios identificados nos relatos dos participantes desvelam como está ocorrendo a inclusão de pessoas com deficiência no CFO/BM e no CFO/PM. Nesse contexto, cita-se Castro e Almeida (2014, p. 179) ao ressaltarem que a permanência de alunos com deficiência na educação superior

> [...] carece de investimentos em ações, em materiais adequados, em qualificação docente, em adequação arquitetônica, mas, principalmente, investimentos em ações que combatam atitudes inadequadas e preconceituosas.

Essa inclusão exige uma abordagem mais humana, que abrange desde adequações até a mudança para uma cultura organizacional mais inclusiva. A superação desses desafios demanda de um compromisso contínuo de mudança de paradigmas e promoção de igualdade de oportunidades para todas as pessoas, com e sem deficiência.

4.2.9 Condições à inclusão e à permanência na corporação

Quando foi questionado sobre o que precisa ser feito ou adequado para que pessoas com deficiência tenham melhores condições de inclusão, conclusão e permanência na corporação, os relatos informaram que:

> A gente precisa quebrar essa resistência que ainda existe, pois ainda há um preconceito e desconfiança das pessoas. Então eu acho que a gente tem que começar a "cortar o mal pela raiz". Algumas pessoas precisam começar a quebrar esse preconceito e resistência que ainda tem não somente no Corpo de Bombeiros como também na Polícia militar, pois pensam: "será que a pessoa com deficiência vai conseguir exercer a sua atividade? Será que não vai colocar a vida dela em risco ou a vida de outras pessoas em risco?" (P1).

> Adaptação principalmente no ingresso e durante o curso de formação, tem que ser bem avaliado e conversado com à Coordenação e o candidato a respeito da sua deficiência e necessárias adaptações. (P2).

> Eu acho que devia ser mais ampliado para os professores e instrutores a questão da inserção de pessoas com deficiência, pois já se sabe que tem, mas que ela deve ser prolongada durante o curso. Às vezes falta uma comunicação para essa informação e preocupação continuar durante o curso, de que se tem alunos com deficiência que podem necessitar de adaptação através de algo que regulamente durante o curso as atividades e adaptações. (P3).

> Mais aceitação e a questão das adaptações. (P4).

> Uma comissão multiprofissional com psicólogos, terapeutas, médicos do trabalho e pessoas que entendam das diversas deficiências e que possam fazer um curso fora, porque no estado não tem, para que eles possam ministrar as disciplinas entendendo o espaço de cada um. E deixar que a pessoa com deficiência diga se ela tem ou não condições de exercer aquela atividade e não ser subjugada o tempo todo. (P5).

Acredito que o melhor caminho seja a criação de quadro para pessoas com deficiência, às vezes, dependendo da deficiência, o aluno pode não poder exercer funções operacionais e isso precisa ser um pouco mais estudado. (P6).

Precisa ter uma comissão para categorizar as atividades, as adaptações que o STF propõe sobre as adaptações em concurso e a questão cultural entre as relações interpessoais na corporação para que fosse um ambiente mais saudável. (P7).

Acredito que tenha que ter uma regulamentação, pois não há uma padronização de como é dado o processo e do que é avaliado. Não tem uma legislação que regule o que vai fazer ou não a pessoa ser reprovada. Então isso é o que se faz mais necessário no momento. (P8).

Tem que ser feito um trabalho de conscientização e quebra de tabus, porque o capacitismo ainda é muito forte dentro da polícia. (P9).

Fazer palestras e oficinas instruindo o policial com deficiência. Temos que olhar para nossa tropa como ser humano que tem defeitos e falhas e dentro disso, tem pessoas com deficiência e temos que adequar da melhor maneira possível as pessoas no seu respectivo local. Eu acredito que tudo começa com uma conversa e que os Batalhões devem implementar oficinas e palestras sobre preconceito na instituição, sobre como o policial com deficiência pode ser alocado e principalmente deve haver uma transparência e proximidade do aluno com o comando sobre a sua deficiência e suas limitações. (P10).

Na minha opinião, o que precisa ser feito é a criação de um quadro especial para pessoas com deficiência. Fazer adaptações nas instalações físicas e instalações adequadas para pessoas com dificuldade de mobilidade. E por último, que tenham reuniões e alinhamentos estratégicos entre a Universidade e a Polícia Militar voltado para a pessoa com deficiência, pois eu vejo que ainda não há esse alinhamento pedagógico, pois os instrutores da Polícia atuam de uma forma e os professores da UEMA de outra. Às vezes, os militares têm um pouco de preconceito em relação às deficiências e o policial com deficiência.

A equipe de saúde poderia ter especialistas e psicólogos para fazer um acompanhamento com as pessoas com deficiência, porque ainda existe preconceito e ainda não temos uma rede de apoio. Quando precisamos de algo, precisamos ir ao Ministério Público, Defensoria Pública, pois a Instituição ainda não tem algo concreto em relação à inclusão da pessoa com deficiência. O que eu vejo é que é tudo novo e ainda não se tem esse planejamento pedagógico, na área da saúde, na parte estrutural e física. (P11).

Acredito que não deve haver diferenças e preconceitos. (P12).

A questão das adaptações e um olhar mais atento para cada tipo de deficiência, pois existem deficiências que precisam de mais adaptações e outras que nem precisam. (P13).

Como estou aqui há pouco tempo, eu ainda não tenho resposta para essa pergunta. (P14).

Outras empresas já têm uma política de adaptação de ambientes, de banheiros, de locais de trabalho com sinalização, então seria importante dentro da PM, realizar esse trabalho de adaptação de banheiros, instalação de rampas, locais de acesso e identificação para que possa também ajudar a melhorar a vida de outras pessoas com deficiência. Adaptar algumas mudanças, tanto na parte estrutural quanto na parte de sinalizações verticais. O restante dá para a gente competir de igual para igual. (P15).

Eu penso que é mudar o pensamento das pessoas que estão "lá em cima", principalmente do alto escalão, pois tem algumas pessoas que pensam que não somos capazes. Eu mesmo, antes era soldado da PM e também entrei na vaga para pessoas com deficiência e ouvi muitas coisas que a gente não seria capaz de realizar e que aqui não era o nosso local, que não tinha como um policial ser deficiente, mas "graças a Deus", fomos quebrando esse paradigma e hoje eu percebo que a minha turma é um exemplo da PM. (P16).

Os relatos dos participantes ressaltam desafios relacionados à mudança de mentalidade, à regulamentação e à promoção da acessibilidade e inclusão para pessoas com deficiência. Os participantes fazem reflexões sobre as medidas necessárias para superar esses desafios dentro da corporação, conforme o que segue.

Quebra de preconceitos e capacitismo: P1, P5, P7, P9, P10, P12 e P16 enfatizam a necessidade de superar o preconceito e capacitismo sobre os militares com deficiência. Nesse contexto, Chahini, (2015, p. 31) enfatiza que:

> Sabe-se que esse comportamento excludente ocorre devido aos mitos, preconceitos, e estigmas construídos ao longo da história em relação às pessoas com deficiência, estigmas esses, que precisam ser desconstruídos. E isso ocorrerá quando formos capazes de olhar e enxergar as pessoas com deficiência como seres humanos que possuem todos os direitos.

Esse comportamento excludente ainda se dá pelo estigma de que pessoas com deficiência não estão aptas a exercerem as funções exigidas nos cargos de bombeiro e policial militar, que envolvem não apenas o serviço na área operacional, como também na área administrativa.

Ainda nesse sentido, Ross (1998, p. 65) reforça que "o trabalho contemporâneo está abrindo novas oportunidades de integração, tanto para o trabalhador comum quanto para aquele com alguma deficiência". Logo, a representatividade dos cadetes com deficiência nos CFOs/BM e nos CFOs/PM serve como exemplo para desconstrução do preconceito e do capacitismo dentro do CBMMA, da PMMA e para as demais corporações de outros estados da Federação.

Adaptações e regulamentação: P2 e P3 enfatizam a importância de adaptações tanto no TAF de ingresso quanto durante o CFO. P8 aponta a necessidade de regulamentação e padronização dos processos de avaliação, para garantir que as adaptações sejam inclusivas. O direito de adaptação em testes físicos tem amparo na LBI e é primordial na construção de uma instituição mais inclusiva e igualitária (Brasil, 2015). Essas adaptações não apenas garantem a equidade na participação de pessoas com deficiência, como também enriquecem a diversidade e reforçam a representatividade nas corporações militares. Os relatos de P6 e P16 sugerem a criação de um quadro específico para pessoas com deficiência, o que também se enquadra no contexto das sugestões de regulamentações.

Comissão multiprofissional: P4, P5 e P11 sugerem a criação de uma comissão multiprofissional que possa avaliar as necessidades individuais e garantir que as devidas adaptações sejam adequadas, bem como promover acompanhamento profissional aos cadetes com deficiência. Nesse viés, Rebelo (2008) recomenda obter consultoria especializada na área de adaptações e enfatiza que existem várias consultorias no mercado, inclusive associações e organizações não governamentais que podem colaborar na causa das pessoas com deficiência.

Educação e conscientização: P10 e P14 sugerem a promoção de palestras, oficinas e treinamentos para instrutores, alunos e público militar em geral sobre inclusão de pessoas com deficiência nas instituições militares. Conforme dito por Rebelo (2008), essa inclusão envolve o comprometimento de todas as pessoas da instituição, e é imprescindível que haja a preparação e capacitação de todos os servidores, para que dessa forma se possa criar um clima organizacional voltado para o acolhimento dos servidores com deficiência.

Nesse viés, Chahini (2015) pontua que as pessoas com deficiência estão em busca de crescimento profissional e precisam de oportunidades para provar suas eficiências. Outrossim, a conscientização a respeito das capacidades e do potencial dos cadetes com deficiência para contribuir positivamente ao Corpo de Bombeiros e à Polícia Militar é primordial para superar preconceitos e capacitismo.

Essa conscientização é essencial para criar uma instituição mais inclusiva (Unesco, 2019). Ela é necessária para que haja mudanças nas mentalidades capacitistas e preconceituosas no ambiente de trabalho, pois, com as condições adequadas, as pessoas com deficiência podem realizar o trabalho exigido (Pastore, 2000).

Infraestrutura e acessibilidade: para P11 e P15, é fundamental que a corporação faça adaptações da infraestrutura. Conforme exposto por Sassaki (2019), executar a acessibilidade arquitetônica, por meio da eliminação das barreiras físicas, como construção de rampas, adaptação de portas, banheiros e instalação de piso tátil, viabiliza não apenas o acesso físico, mas também valoriza a diversidade e participação de todas as pessoas, independentemente de suas limitações. Ainda de acordo com o contexto abordado, Sassaki (2006) enfatiza que promover ambientes com acessibilidade para o público interno e externo é um dos pilares da inclusão de pessoas com deficiência e deve ser tratado como prioridade.

Comunicação e transparência: P10 e P14 relatam sobre a importância de uma comunicação transparente entre os cadetes com deficiência e seus superiores hierárquicos. Nesse sentido, Nogueira (2019) esclarece que essa comunicação permite que as necessidades de cada deficiência sejam compreendidas e possam ser atendidas de acordo com as solicitações. Ao promover uma cultura de comunicação aberta, em que as demandas e particularidades individuais possam ser respeitadas e compreendidas, as corporações militares fortalecem os laços entre seus membros.

Tendo em vista os argumentos anteriores, relembra-se Cordeiro (2013), quando fala que a inclusão de pessoas com deficiência no mercado de trabalho vai além da garantia das vagas previstas por lei; ela precisa de uma mudança de atitudes e paradigmas, em que se possa reconhecer as potencialidades e dificuldades, bem como realizar as adaptações necessárias para que seja feita a real inclusão.

Todos os relatos dos participantes refletem o nível de complexidade da inclusão de pessoas com deficiência no Corpo de Bombeiros e na Polícia Militar do Maranhão, ainda mais por se tratar, até o presente momento, do único estado da Federação a incluir pessoas com deficiência nos Cursos de Formação de Oficiais. Nesse cenário, cita-se Heinski (2004) ao ressaltar que a inclusão de pessoas com deficiência no ambiente laboral não se apresenta como um pacote de soluções prontas capazes de resolver as problemáticas da discriminação e do preconceito, mas trata-se de um processo no qual as pessoas aprendem a interagir de maneira positiva com as diversas formas de diferenças. Sendo assim, Ribas (2011) enfatiza que o papel das instituições é incorporar a diversidade em sua cultura organizacional, sem que afete suas funções. Com isso, destaca-se a necessidade de abordar não apenas adaptações e regulamentações, como também questões culturais que afetem a inclusão e a equidade de oportunidades.

b. **Grupo 2 – diretoria de ensino e de saúde, coordenação, comissão de TAF**

4.2.10 Diretoria de Ensino do BM e da PM

Quando questionado aos profissionais da Diretoria de Ensino se foi criada alguma comissão para tratar sobre o ingresso e processo seletivo dos candidatos com deficiência, obtiveram-se as seguintes respostas:

> *A lei n° 13.146, de 06 de julho de 2015; decreto n° 9.508, de 24 de setembro de 2018, alterado pelo decreto n° 9.546, de 30 de outubro de 2018, prevê que todos os candidatos do sistema especial de vagas para pessoas com deficiência, serão submetidos à avaliação multiprofissional realizada por comissão especial. A comissão de avaliação multiprofissional e interdisciplinar é nomeada em portaria pelo Comandante-Geral do CBMMA, para análise da aptidão para execução das atividades bombeiro militar combatente.* (DE/BM).

> *Não foi criado.* (DE/PM).

DE/BM indica a obrigatoriedade de uma avaliação multiprofissional realizada por uma comissão especial para os candidatos que concorrem às vagas para pessoas com deficiência, em conformidade com a LBI (Brasil, 2015). Essa comissão criada para o processo seletivo do CFO/BM é responsável por analisar a aptidão dos candidatos com deficiência e verificar se a deficiência é compatível para execução das atividades do bombeiro militar. Por outro lado, DE/PM indica que não houve a criação de nenhuma comissão para o processo seletivo, registrando-se, portanto, uma lacuna na comissão da PMMA, por não estar em conformidade com o que é assegurado pela LBI.

Sendo assim, faz-se necessário registar, de acordo com o parágrafo 5º do Decreto 9.508, que:

> O órgão ou a entidade da administração pública federal responsável pela realização do concurso público ou do processo seletivo de que trata a Lei nº 8.745, de 1993º, terá a assistência de equipe multiprofissional composta por três profissionais capacitados e atuantes nas áreas das deficiências que o candidato possuir, dentre os quais um deverá ser médico, e três profissionais da carreira a que concorrerá o candidato. (Brasil, 2018).

Essa comissão multiprofissional é relevante para garantir que as decisões de seleção tenham critérios objetivos e que as necessidades individuais sejam consideradas (Gugel, 2019). Com isso, pontua-se a importância de ser criada essa comissão na Polícia Militar do Maranhão.

4.2.11 Diretoria de Saúde do BM e da PM

Quando foi questionado à Diretoria de Saúde quais deficiências foram consideradas aptas e inaptas na etapa da JMS, os relatos sinalizam que:

> *Aptas pela JMS-BM:* amputação traumática de dois ou mais dedos da mão direita – Cid 10 s 68.2; Inversão da fíbula comum em membro inferior esquerdo – Cid g 83.3; s 84.2; Deformidade congênita do pé. (DS/BM).
>
> *Inaptas pela JMS-BM:* cegueira legal irreversível em olho esquerdo – visão monocular; perda auditiva de grau irreversível bilateral de natureza congênita (discausia mista e neurossensorial em ouvido direito e diacusia neurossensorial ouvido esquerdo); visão monocular e deficiência visual com correção em olho esquerdo; ceratocone em ambos os olhos. H- 18-6, cegueira olho direito h 54-4; acidente automobilístico (fratura de quadril) cid 10 m 16.5 t 93.2;. Retardo mental grave – comprometimento significativo do comportamento, requerendo vigilância ou tratamento + f41 (outros transtornos ansiosos + f90

(transtornos hipercinéticos + g40 (epilepsia – síndromes epiléticas) cid 10 640.0 f90.9 + f70.1 déficit de atenção; 8. Trauma ocular (s.05), deslocamento de retina (h33.0) e visão monocular (h54.4); Fibromialgia - Doença de caráter crônico. Cid 10 s 68.2; inversão da fíbula comum em membro inferior esquerdo Cid g 83.3; s 84.2. 11.acuidade visual sem correção (od 20/20 oe movimentos manuais. H54.4 cegueira em um olho. H30.9 inflamação da coroide e da retina. 14. déficit auditivo (perda auditiva do tipo neurossensorial severa. Cid 10:h903) 15. acuidade visual sem correção (od 20/20 e oe 20/400. Cid h54.h 53.0/h50. As deficiências citadas foram consideradas inaptas por serem consideradas incompatíveis com o exercício da atividade bombeiro militar, devido à exposição aos riscos inerentes da profissão para si e para terceiros. (DS/BM).

Aptas pela JMS-PM: *atendendo determinação do juízo da vara de interesses difusos e coletivos do estado do maranhão por meio da ação civil pública (n° 0828287-20.2019.8.10.0001), que determinou a retificação dos editais do CFO garantindo o percentual de 5% das vagas do curso de formação de oficiais – CFO (PMMA e CBMMA) para pessoas com deficiência. Para tanto, ficou estabelecido que o candidato que concorre às vagas para pessoas com deficiência não poderá ser eliminado do certame pela deficiência que o qualificou a concorrer pelas cotas.* (DS/PM).

Inaptas pela JMS-PM: *nos termos da ata de audiência de conciliação do processo n° 0837855-26.2020.8.10.0001, ficou estabelecido que a pessoa com deficiência não poderá ser eliminada nos exames físicos e médicos pela deficiência que o qualificou a concorrer pelas cotas destinadas para pessoas com deficiência, dentro dos critérios estabelecidos. Sendo assim, a partir do referido TAC não houve candidatos com deficiência eliminados na fase de exames médicos.* (DS/PM).

De acordo com as informações obtidas da Diretoria de Saúde do CBMMA, a comissão multiprofissional adota uma abordagem de classificação de deficiências aptas e inaptas ao desenvolvimento das funções do serviço de bombeiro militar. As referidas decisões foram baseadas nos riscos inerentes da profissão e refletem uma preocupação com a segurança do candidato, futuro cadete/oficial BM. Entretanto, essas avaliações visam alinhar as condições físicas ao exercício da profissão com os direitos da inclusão de pessoas com deficiência nos espaços educacionais, sociais e profissionais, sem, contudo, negligenciar os critérios necessários da comissão multiprofissional.

Em relação aos dados obtidos da Diretoria de Saúde da PMMA, há determinações judiciais que garantem a reserva de vaga, em que os candidatos com deficiência não são eliminados nos exames médicos por conta de suas respectivas deficiências. No entanto, essa informação entra em contradição com os relatos dos participantes/candidatos que foram reprovados na fase da junta médica da PM e precisaram recorrer judicialmente para retornarem ao certame. Entende-se que essa nova abordagem passou a ser feita apenas após o termo de ajustamento de conduta.

Como visto, há uma linha tênue entre o capacitismo e a real limitação da deficiência ao desenvolvimento das funções operacionais militares. Por isso, faz-se necessário maiores estudos e pesquisas científicas sobre a temática aqui abordada, bem como critérios claros sobre quais as funções operacionais militares e as atividades desenvolvidas durante os cursos de formação, suas relevâncias e justificativas de aptidão física, possíveis riscos e a relação com o perfil de quem as desenvolve, entre outros.

Nessa abordagem, conforme os estudos de Rebelo (2008), o primeiro passo para atender às cotas dentro das instituições é estabelecer em quais atividades é possível receber pessoas com deficiência; quais tipos de deficiência são compatíveis com as funções realizadas; que adaptações e/ou adequações são necessárias e que recursos financeiros serão disponibilizados; bem como indicar quem serão as pessoas responsáveis pela gestão dessas mudanças.

Como já mencionado, sabe-se que algumas deficiências podem ocasionar certas limitações à operacionalização de determinadas funções, não somente na carreira de oficial militar, mas, também, em outras funções sociais. Diante do impasse, do apto versus inapto em relação ao exercício das funções de bombeiro e policial militar, é preciso maiores estudos que visem esclarecer os limites e possibilidades das pessoas com deficiência em determinadas funções operacionais, bem como verificar se os possíveis limites da deficiência não derivam da falta de acessibilidade, ausência de tecnologias assistivas, carência de adequações curriculares e/ou de barreiras arquitetônicas ou atitudinais.

4.2.12 Junta Médica de Saúde do BM e da PM

Na questão sobre quais foram os critérios estabelecidos/avaliados pela Junta Médica de Saúde que tornaram os candidatos com deficiência inaptos, obteve-se as seguintes respostas:

> *A condição militar internacionalmente reconhecida, submete o profissional a exigências ou/e não são impostas, na sua totalidade, a nenhum outro servidor ou/e não o militar, dentre essas exigências vale lembrar: risco de vida permanente; sujeição a preceitos rígidos de disciplina e hierarquia; dedicação exclusiva; disponibilidade permanente; mobilidade geográfica; e vigor físico, assim, também estão devidamente demonstradas as restrições para o serviço militar, haja vista a exigência do alto nível de saúde física e mental necessários para o desenvolvimento de espécie de atividade laboral. Portanto foram consideradas inaptas todas as condições que fossem incompatíveis com o exercício da atividade bombeiro militar, devido à exposição aos riscos inerentes da profissão para si e para terceiros. (DS/BM).*
>
> *Não houve. (DS/PM).*

Como visto no relato da DS/BM, a exigência e as condições específicas da profissão de bombeiro foram os critérios estabelecidos pela comissão multiprofissional para inaptidão de certas deficiências. Essa abordagem segue a linha de que determinadas profissões, como as militares, possuem exigências diferenciadas em relação à saúde e à aptidão física dos profissionais. Assim como um cego não está apto para ser piloto de avião, há de se convir que determinadas deficiências não são aptas para as funções de bombeiro e policial militar.

Por outro lado, a ausência de critérios de inaptidão, conforme relato de PM, deu-se apenas após audiência de conciliação, quando, valendo-se de Termo de Ajustamento de Conduta, não foram mais eliminados os candidatos por conta de suas respectivas deficiências. Nesse cenário, faz-se necessário um repensar sobre essa tomada de decisão. Até que ponto isso é compreensível? Visto que há deficiências que são incompatíveis com o exercício de determinadas funções, melhor seria a PM, por meio de assessoria especializada, criar critérios de aptidão/inaptidão na corporação que levassem em consideração a diversidade humana, sem desrespeitar as especificidades das atividades operacionais, militares.

A discussão sobre inaptidão de determinadas deficiências em função de critérios específicos relacionados à profissão militar propicia reflexões sobre adequações e proporcionalidade dos critérios em relação às demandas reais da profissão, visto que, tanto no Corpo de Bombeiros quanto na Polícia Militar, existe um grande leque de atividades operacionais e administrativas para serem exercidas pelos oficiais das corporações. No caso dos candidatos com deficiência, a avaliação de inaptidão precisa levar em conta não apenas as limitações físicas e/ou psíquicas, como também as potencialidades e as adaptações possíveis, para garantir a inclusão.

Nesse contexto, a elaboração de edital contendo todos os critérios, escritos de forma clara e objetiva, com a definição das funções e atividades a serem desenvolvidas, bem como todas as exigências inerentes à formação e à aptidão ao exercício da carreira de oficiais militares, certamente contribui com a minimização ou eliminação de interpretações errôneas a respeito do processo seletivo.

Essa abordagem pode refletir em uma postura mais inclusiva e adaptativa, em concordância com as transformações legais e sociais, para garantir a participação efetiva das pessoas com deficiência em todos os espaços sociais (Araújo; Schmidt, 2006).

4.2.13 Profissionais das Academias de BM e da PM do Maranhão

Foi questionado aos profissionais das Academias de Bombeiro e Polícia se, durante o CFO, foi feita adaptação em alguma disciplina para os cadetes com deficiência, obtendo-se as seguintes respostas:

> Foi realizado adaptação para uma cadete com monoparesia. Foi realizado na disciplina de treinamento físico militar o taf-4 da corporação e adaptação na disciplina salvamento aquático com diminuição da carga nas atividades. (ABM).

> Até agora não foi preciso mudarmos ementas de disciplinas, mas os professores têm trabalhado as dificuldades de cada aluno e feito adaptações na hora de transmitir o conhecimento. Por exemplo: nas disciplinas de tiro, o aluno que tem deficiência relacionada à visão, o professor faz as adaptações necessárias para que o aluno possa aprender e superar seus obstáculos. (APM).

A análise dos relatos revela tanto adaptações específicas nas disciplinas quanto uma abordagem mais ampla para os cadetes com deficiência. O relato de ABM destaca as adaptações específicas feitas em algumas disciplinas para uma cadete. Ressalta-se que, conforme relato anterior da participante, essas adaptações só foram feitas após portaria normativa garantindo o direito de adaptação nas disciplinas para os cadetes com deficiência. Essa abordagem reflete a possibilidade de ajustar as exigências físicas em relação a cada capacidade individual. Nesse viés, Mantoan (2006) discute sobre a relevância de adaptações personalizadas para possibilitar a participação de pessoas com deficiências.

Já o relato de PM evidencia uma abordagem mais flexível, pois, mesmo que as ementas das disciplinas não tenham sido modificadas, os professores possibilitam adequações e adaptações para que as dificuldades de cada aluno possam ser superadas. Nesse sentido, Karagiannis, Stainback e Stainback (1999) ressaltam a importância das adaptações curriculares e do ambiente para garantir a participação de alunos com deficiência nas instituições de ensino.

A reflexão de ambos os relatos nos mostra que a inclusão efetiva vai além de adaptações curriculares; ela requer uma abordagem mais humana que leve em consideração as diversas dimensões das necessidades individuais de cada aluno. Essas práticas inclusivas são respaldadas pela LBI ao promover a igualdade de oportunidades, respeitando as diferenças individuais (Brasil, 2015).

Ainda com os profissionais das Academias de Bombeiro e da Polícia, foi-lhes questionado sobre o que deveria ser feito para melhorar a permanência de pessoas com deficiência no CFO, ao que responderam o seguinte:

> Contratação de profissionais da área para realizar as adaptações necessárias. (ABM).

> Primeiro temos que saber que nem todas as pessoas com deficiência podem cursar o CFO. A definição de quais podem é o primeiro passo para melhorarmos o acesso e a permanência de tais pessoas no curso. (APM).

O relato de ABM enfatiza a importância de ter profissionais especializados para prever as adaptações necessárias nas disciplinas práticas e de acordo com a deficiência de cada aluno. Nesse prisma, Sassaki (2006) destaca a relevância de se ter profissionais capacitados para promover acessibilidade e criar ambientes inclusivos. Como a corporação não conta com especialistas, Rebelo (2008) enfatiza que a contratação se torna uma maneira de contribuir para o desenvolvimento das adaptações que atendam às necessidades dos cadetes com deficiência, melhorando sua permanência e seu desempenho no CFO.

Por outro lado, o relato de APM evidencia um desafio relacionado à definição de quais deficiências são aptas para cursar o CFO. Nesse ponto, Mantoan (2006) discute sobre a importância de haver critérios objetivos e inclusivos para a seleção de alunos com deficiência. Nesse sentido, volta-se a citar os estudos de Rebelo (2008), por enfatizar que é mister estabelecer quais deficiências são compatíveis com os trabalhos a serem realizados.

Dessa forma, frisa-se a importância da criação de diretrizes sobre as funções desenvolvidas pela corporação militar, pois a definição objetiva das condições de aptidão física e psíquica ao processo seletivo do CFO é primordial para garantir que as adequações sejam efetivadas desde o início do curso, promovendo uma inclusão mais efetiva.

Nota-se que ambos os relatos refletem a necessidade de uma abordagem inclusiva para permanência e conclusão de pessoas com deficiência no CFO. A combinação de estratégias de incluir contratação de especialistas e definição dos critérios de seleção beneficia não apenas os cadetes com deficiência, mas também enriquece a formação e diversidade dentro do CFO/BM e do CFO/PM.

4.2.14 Presidentes da Comissão de TAF/BM e TAF/PM

Foi indagado aos presidentes da Comissão de TAF se havia sido realizada alguma adaptação na etapa do TAF para os candidatos com deficiência, e os relatos informaram que:

> *Foi feito uma no ano de 2020, na prova de corrida aeróbica. As adaptações foram realizadas com base em parâmetros disponibilizados por um professor da Universidade Federal do Maranhão com índices inferiores aos propostos em edital originalmente.* (TAF/BM).
>
> *Não houve.* (TAF/PM).

O relato de TAF/BM baseado nos parâmetros adaptados por um professor da Universidade Federal do Maranhão (Ufma) demonstra o interesse em atender às necessidades dos candidatos com deficiência. Porém, o fato de o tempo da corrida aeróbica ter sido definido com índices inferiores aos propostos originalmente no edital levanta questionamentos sobre a adequação dessas adaptações. Quais foram os parâmetros utilizados pelo professor para estabelecer os novos índices? Embora o direito de fazer adaptações seja um princípio importante à inclusão, é importante que as adaptações proporcionem equidade de oportunidades sem comprometer os padrões de desempenho e celeridade do processo seletivo.

O relato de TAF/PM de que não houve adaptações no TAF se confronta com o relato de um participante que foi reprovado na fase do TAF e, após solicitar adaptação no exercício de corrida aeróbica, conseguiu ser aprovado nessa fase. A ausência de adaptações cria barreiras para a participação de candidatos com deficiência nos processos seletivos que envolvem testes físicos.

Conforme a Convenção sobre Direitos das Pessoas com Deficiência, os Estados têm a responsabilidade de adotar medidas para assegurar a participação plena de pessoas com deficiência na sociedade, incluindo o acesso a oportunidades educacionais e de emprego (ONU, 2006). Com isso, a necessidade de adaptações no TAF demanda um equilíbrio entre o estímulo à inclusão e a preservação dos padrões de desempenho exigidos, visando à celeridade do concurso.

É fundamental introduzir adaptações razoáveis para garantir a equidade de oportunidades para os candidatos com deficiência (Brasil, 2015). No entanto, essas adaptações devem ser implementadas de maneira adequada e fundamentada em critérios transparentes. A ausência de adaptações pode representar um obstáculo significativo sobre inclusão nas corporações militares e levanta questões sobre a observância das responsabilidades relacionadas aos Direitos Humanos das pessoas com deficiência (Rodrigues, 2003).

Nesse prisma, é pertinente indagar, visando a estudos futuros: para garantir os padrões e exigências da carreira militar, é viável oferecer adaptações na fase do teste de aptidão física? Seria o TAF uma fase significativa para selecionar, de fato, os candidatos com deficiência com reais condições para permanência e conclusão do CFO? Essas questões devem ser respondidas pela equipe de elaboração do edital, com os profissionais responsáveis pelo curso de formação e/ou por outras pesquisas científicas na área.

4.2.14.1 Aplicação do TAF no CFO

Na questão sobre o que deveria ser feito para melhorar a aplicação do TAF para candidatos com deficiência no CFO, os presidentes da comissão de TAF responderam:

> *A previsão em edital de índices adaptados a candidatos de acordo com a deficiência.* (TAF/BM).

> *Deve ser nomeada uma comissão composta por especialistas para definir critérios de avaliação no TAF para candidatos com deficiência.* (TAF/PM).

O relato de BM sugere que já conste em edital os índices adaptados de acordo com a deficiência de cada candidato. Essa abordagem reflete a necessidade de considerar as limitações individuais das pessoas com deficiência, e está alinhada com o princípio de adaptação razoável (Brasil, 2015). O relato de PM encontra-se em consonância com o de BM, em que se sugere nomear uma comissão de especialistas para definir os critérios de avaliação, bem como as possíveis adaptações no TAF para candidatos com deficiência. Essa medida promove objetividade e imparcialidade na avaliação por parte da comissão. Os estudos sobre inclusão e acessibilidade, como discutido por Rodrigues (2003), destacam a importância de critérios transparentes para as avaliações, em especial nos testes de aptidão física para candidatos com deficiência.

Como visto, a questão sobre melhorias na aplicação do TAF envolve princípios de inclusão, igualdade e acessibilidade previstos na Convenção sobre Direitos das Pessoas com Deficiência (ONU, 2006). Entretanto, é essencial realizar um estudo para que se possa entender as necessidades específicas dos candidatos com deficiência para prever índices adaptados em edital, assim como garantir que as adaptações não comprometam a integridade do treinamento e das funções a serem desempenhadas pelos futuros cadetes e oficiais militares.

CONSIDERAÇÕES FINAIS

Retornando aos objetivos aqui pretendidos — analisar os principais desafios a serem superados para que pessoas com deficiência tenham os direitos de acesso, de permanência com êxito na aprendizagem e de conclusão nos Cursos de Formação de Oficiais do Corpo de Bombeiros e da Polícia Militar do Maranhão da Uema —, registramos os achados da pesquisa.

Assim, durante o processo seletivo dos candidatos com deficiência: houve dificuldade na aceitação dos laudos médicos de comprovação da deficiência por parte da comissão do vestibular da Uema; houve candidatos que recorreram à intervenção judicial para terem suas respectivas inscrições deferidas; sentiram a necessidade de saber o motivo sobre a reprovação e precisaram entrar com medida administrativa para saber sobre as justificativas e, posteriormente, medida judicial para poderem permanecer no certame; apenas um candidato com deficiência precisou de adaptação para realizar a etapa do TAF, mas informou que não foi disponibilizada, e após ser reprovado entrou com medida administrativa e conseguiu realizar o teste de aptidão física adaptado.

Em relação aos cadetes com deficiência: a maioria deles não precisou de adaptação para participarem das aulas e/ou realizarem provas; entre os candidatos com deficiência que precisam de adaptações, dois informaram que ainda vão solicitar e apenas um recorreu à Defensoria Pública; a maioria dos cadetes informou que ainda não teve dificuldades para realizar as atividades práticas no curso de formação; entre os cadetes que informaram ter dificuldades na realização das atividades práticas, os motivos foram: atividades físicas que exigiam longo tempo de duração, atividades extenuantes e dor. A maioria dos cadetes, depois de formados, pretende desenvolver tanto as funções operacionais quanto as funções administrativas; entre os 16 participantes, apenas 3 informaram que pretendem desenvolver atividades administrativas, depois de formados.

Entre os principais desafios a serem superados para que pessoas com deficiência tenham direito de acesso, permanência e conclusão nos Cursos de Formação de Oficiais, estão: adaptação em algumas atividades físicas durante o CFO; combate ao preconceito e ao capacitismo; comunicação mais eficaz entre os cadetes, corpo docente e coordenação para que se sintam acolhidos em relatar suas necessidades; representatividade dos cadetes com deficiência no CFO; divulgação dos editais no CFO para atrair mais candidatos com deficiência; melhorar a estrutura física, de forma a promover mais acessibilidade arquitetônica tanto para o público interno como externo.

Sobre o que precisa ser feito ou adequado para que pessoas com deficiência tenham melhores condições de inclusão, conclusão e permanência na corporação: eliminação de preconceitos, estigmas, discriminação e atitudes excludentes sobre pessoas com deficiência; mudança de mentalidade em relação à deficiência; promoção da acessibilidade; adequações; informações e esclarecimentos em relação ao potencial humano das pessoas com deficiência; profissionais e/ou professores capacitados em pessoas com deficiência; equipe multiprofissional; conscientização; eliminação de barreiras arquitetônicas e atitudinais; comunicação e transparência.

Apenas a Diretoria de Ensino do Corpo de Bombeiros havia criado uma comissão multiprofissional para tratar sobre o ingresso e processo seletivo dos candidatos com deficiência, porém não tinha uma comissão para analisar as demandas dos cadetes com deficiência durante o CFO/BM.

A Diretoria de Saúde do CBMMA com a comissão multiprofissional adotam uma abordagem de classificação de deficiências aptas e inaptas ao desenvolvimento das funções do serviço de bombeiro militar, levando em consideração os riscos inerentes da profissão e refletindo uma preocupação com a segurança do candidato, futuro cadete/oficial BM. Já a Diretoria de Saúde da PMMA não criou uma comissão multiprofissional, e após decisão judicial passou a adotar as determinações que garantem a reserva de vaga, em que os candidatos com deficiência não são eliminados nos exames médicos por conta de suas respectivas deficiências.

Somente a Diretoria de Saúde do CBMMA apresenta os critérios estabelecidos/avaliados pela Junta Médica de Saúde BM que tornaram os candidatos com deficiência inaptos, entre estes: risco de vida permanente; sujeição a preceitos rígidos de disciplina e hierarquia; dedicação exclusiva; disponibilidade permanente; mobilidade geográfica; e vigor físico. Assim, também estão devidamente demonstradas as restrições para o serviço militar, haja vista a exigência do alto nível de saúde física e mental necessário para o desenvolvimento de espécie de atividade laboral. Entre as deficiências consideradas inaptas pela JMS, estava a visão monocular, deficiência do maior número de cadetes tanto no CFO/BM quanto no CFO/PM; no entanto, conforme relato da maioria dos participantes desta pesquisa, eles não apresentaram dificuldades significativas durante o CFO.

Sobre a necessidade de adaptação em alguma disciplina para os cadetes com deficiência, apenas duas adaptações tinham sido realizadas pelos profissionais da Academia de Bombeiro Militar, durante a disciplina de treinamento físico militar, o TAF-4 da corporação e adaptação na disciplina de salvamento aquático com diminuição da carga nas atividades. Já pela Academia da Polícia Militar, houve adaptações nas disciplinas de tiro.

Sobre o que deveria ser feito para melhorar a permanência de pessoas com deficiência no CFO: contratação de profissionais da área para realizar as adequações necessárias; estabelecer critérios de aptidão e inaptidão nos processos seletivos para o curso de oficiais.

Em relação à realização de adaptações na etapa do teste de aptidão física para os candidatos com deficiência, as Comissões do TAF/BM e do TAF/PM realizaram uma adaptação na temporalidade da prova de corrida aeróbica.

Sobre o que deveria ser feito para melhorar a aplicação do TAF para candidatos com deficiência no CFO, encontram-se: previsão em edital dos índices adaptados de acordo com a deficiência de cada candidato; comissão composta por especialistas para definir critérios de avaliação no TAF para candidatos com deficiência.

Diante do exposto, percebe-se que os principais desafios dos cadetes com deficiência nas corporações militares não diferem dos desafios dos demais alunos com deficiência na educação superior de outras instituições e no mercado de trabalho formal, porém há a intensificação da cobrança nos padrões exigidos e a forte cultura capacitista de que pessoas com deficiência não estão aptas para desempenhar as funções militares, em específico a de bombeiro e policial militar.

Diante dos fatos, necessário registrar que, no ano de 2024, em uma rede social na qual foi divulgado um artigo científico sobre a inclusão de pessoas com deficiência no meio militar, foram registrados comentários impregnados de estigmas, preconceitos, discriminações e atitudes capacitistas, entre estes: "Não consigo vislumbrar uma característica definida como 'deficiência' ser compatível com a atividade militar"; "Ampla concorrência é agora isso? É o começo do fim das instituições militares!"; "Sinceramente, não vislumbro compatibilidade da inclusão de pessoas com deficiência com a atividade-fim da Polícia Militar"; "Absurdo é um agravo desse prosperar"; "A pessoa com deficiência ingressa e depois pede na junta para ser reformada por incapacidade. O povo quer revolucionar o mundo"; "Eu já vi se aposentar na Polícia Militar por alguma deficiência adquirida, agora entrar nela sendo deficiente é a primeira vez"; "Certeza que depois de um tempo vai querer usar a deficiência como muleta e entrar com restrição médica e ir para o administrativo"; "Com todo respeito, daqui a uns dias terá que ter previsão de vagas para entrada de alienígena!"; "Estão faltando vagas para anão?".

Nesse cenário, enfatiza-se que a inserção de pessoas com deficiência nas instituições de ensino e no mundo do trabalho competitivo implica mudanças de paradigmas. Portanto, é essencial romper com a cultura do assistencialismo e com o estigma da incapacidade em relação às pessoas com deficiência, principalmente no meio militar.

Porém, sabe-se que há determinadas deficiências que limitam certas funções operacionais, mesmo dadas todas as oportunidades, feitas as adequações necessárias, disponibilizadas tecnologias assistivas e asseguradas todas as dimensões da acessibilidade. Nesse caso, deve-se entender a especificidade de cada situação, e, para isso, ressalta-se a importância da presença de uma comissão multiprofissional para fazer uma avaliação fundamentada e transparente de quais deficiências não são compatíveis com os cargos de bombeiro e policial militar.

Destarte, deve ser levado em consideração que, tanto no Corpo de Bombeiros como na Polícia Militar, existem diversas funções administrativas que todos os oficiais formados no CFO exercem diariamente, e que podem ser exercidas por oficiais com deficiência, assim como certas funções operacionais em que a deficiência não é uma barreira.

Menciona-se também que, com os avanços da ciência e com maiores conhecimentos, bem como com a eliminação de preconceitos, estigmas, discriminações e atitudes desfavoráveis às pessoas com deficiência, o que não se pode hoje poderá acontecer em um futuro não tão distante.

O estado do Maranhão, por meio do Curso de Formação de Oficiais do Corpo de Bombeiros e da Polícia Militar do Maranhão, é pioneiro ao incluir pessoas com deficiência nas corporações militares e encontra-se em um momento histórico que desconstrói paradigmas excludentes, contribuindo para o desenvolvimento de uma sociedade democrática e equitativa, e para a visibilidade do potencial humano das referidas pessoas. Além de abrir portas para que outros estados da Federação venham, também, a incluir pessoas com deficiência na esfera militar.

Neste estudo, dois participantes com deficiência já se encontravam formados pelo CFO e, dentre os cadetes com deficiência, um participante estava no último ano do curso. A maioria dos cadetes relatou não apresentar dificuldades significativas. Isso demonstra que é possível a inserção de pessoas com deficiência nos Cursos de Formação de Oficiais. Torna-se uma meta não apenas a inserção no referido curso, mas a promoção da inclusão dessas pessoas nas corporações militares.

Outros estudos na área certamente aprofundarão as questões que foram levantadas neste livro. Espera-se ter trazido informações necessárias para que sejam ponto de partida à quebra das barreiras atitudinais; a ajustes e criações de diretrizes, normas e políticas públicas em relação à inserção da pessoa com deficiência nas áreas educacional e laboral no contexto militar.

REFERÊNCIAS

ACADEMIA BOMBEIRO MILITAR "JOSUÉ MONTELLO". **História da Academia Bombeiro Militar "Josué Montello"**. São Luís: ABM, 2012. Disponível em: http://abmjm-cbmma.blogspot.com/p/abmjm.html. Acesso em: 10 mar. 2023.

ACADEMIA DE POLÍCIA MILITAR GONÇALVES DIAS (APMGD). **Histórico**. São Luís: APMGD, 2018. Disponível em: http://apmgd.com/web/historico/. Acesso em: 15 fev. 2023.

AMARAL, L. A. Mercado de trabalho e deficiência. **Revista Brasileira de Educação Especial**, Marília, v. 1, n. 2, p. 127-136, 1994. Disponível em: http://educa.fcc.org.br/scielo.php?script=sci_arttext&pid=S1413-65381994000100012. Acesso em: 10 set. 2023.

ARANHA, A. V. S.; DIAS, D. S. O Trabalho como princípio educativo na sociedade do capital. *In*: MENEZES NETO, A. J. *et al*. **Trabalho, política e formação humana**. São Paulo: Xamã, 2009. p. 115-127.

ARAÚJO, J. P.; SCHMIDT, A. A inclusão de pessoas com necessidades especiais no trabalho: a visão de empresas e de instituições educacionais na cidade de Curitiba. **Revista Brasileira de Educação Especial**, Marília, v. 12, n. 2, p. 241-254, maio/ago. 2006. Disponível em: https://www.scielo.br/j/rbee/a/PgxdcCT3qNv3ryQQmKtxMFj/?format=pdf&lang=pt. Acesso em: 10 set. 2023.

ARAUJO, L. A. D. **A proteção constitucional das pessoas com deficiência**. 4. ed. Brasília: Corde, 2011.

BAHIA, M. S. **Responsabilidade social e diversidade nas organizações**: contratando pessoas com deficiência. Rio de Janeiro: Qualitymark, 2006.

BARBOSA, M. L. **Desigualdade e desempenho**: uma introdução à sociologia da escola brasileira. Belo Horizonte: Argumentum Editora, 2009.

BATANERO, Z. **Um bate-papo com o Dr. Zan Mustacchi**. São Paulo: Revista Síndromes, 2001.

BATISTA, C. A. M. **A inclusão da pessoa portadora de deficiência no mercado formal de trabalho**: um estudo sobre suas possibilidades nas organizações de Minas Gerais. 2002. Dissertação (Mestrado em Ciências Sociais – Gestão das Cidades) – Pontifícia Universidade Católica de Minas Gerais, Belo Horizonte, 2002.

BIANCHETTI, L. **Da chave de fenda ao leptop**: tecnologia digital e novas qualificações: desafios à educação. Petrópolis: Vozes, 2001.

BORCHARTT, P. K. O. R. **Acessibilidade da pessoa com deficiência ao cargo de soldado da Polícia Militar**: uma análise do concurso da Polícia Militar do Maranhão, realizado em 2017. 2021. Dissertação (Mestrado em Direito) – Universidade Federal do Maranhão, São Luís, 2021. Disponível em: https://tedebc.ufma.br/jspui/handle/tede/3301. Acesso em: 15 jul. 2023.

BOTTOMORE, T. **As classes na sociedade moderna**. Rio de Janeiro. Zahar Editores, 1978.

BOURDIEU, P. A escola conservadora: as desigualdades frente à escola e à cultura. *In*: NOGUEIRA, M. A.; CATANI, A. (org.). **Escritos de educação**. Petrópolis: Vozes, 1998. p. 99-115.

BOURDIEU, P.; PASSERON, J.-C. **A reprodução**: elementos para uma teoria do Sistema de ensino. Rio de Janeiro: Francisco Alves, 1975.

BOWLES, S.; GINTIS, H. Does schooling raise earnings by making people smarter? *In*: ARROW, K.; BOWLES, S.; DURLAUF, S. (org.). **Meritocracy and economic inequality**. Princeton: Princeton University Press, 2000. p. 118-136.

BRASIL. [Constituição (1988)]. **Constituição da República Federativa do Brasil de 1988**. Brasília: Presidência da República, [2020]. Disponível em: http://www.planalto.gov.br/ccivil_03/Constituicao/Constituicao.htm. Acesso em: 10 mar. 2023.

BRASIL. **Decreto nº 5.296, de 2 de dezembro de 2004**. Regulamenta as Leis nos 10.048, de 8 de novembro de 2000, que dá prioridade de atendimento às pessoas que especifica, e 10.098, de 19 de dezembro de

2000, que estabelece normas gerais e critérios básicos para a promoção da acessibilidade das pessoas portadoras de deficiência ou com mobilidade reduzida, e dá outras providências. Brasília: Presidência da República, 2004. Disponível em: https://www.planalto.gov.br/ccivil_03/_ato2004-2006/2004/decreto/d5296.htm. Acesso em: 10 mar. 2023.

BRASIL. **Decreto nº 7.612, de 17 de novembro de 2011.** Institui o Plano Nacional dos Direitos da Pessoa com Deficiência - Plano Viver sem Limite. Brasília: Presidência da República, 2011. Disponível em: https://www.planalto.gov.br/ccivil_03/_ato2011-2014/2011/decreto/d7612.htm. Acesso em: 1 mar. 2023.

BRASIL. **Decreto nº 8.112, de 11 de dezembro de 1990.** Dispõe sobre o regime jurídico dos servidores públicos civis da União, das autarquias e das fundações públicas federais. Brasília: Presidência da República, 1990. Disponível em: https://www.planalto.gov.br/ccivil_03/leis/l8112cons.htm. Acesso em: 1 mar. 2023.

BRASIL. **Decreto nº 9.508, de 24 de setembro de 2018.** Reserva às pessoas com deficiência percentual de cargos e de empregos públicos ofertados em concursos públicos e em processos seletivos no âmbito da administração pública federal direta e indireta. Brasília: Presidência da República, 2018. Disponível em: https://www.planalto.gov.br/ccivil_03/_ato2015-2018/2018/decreto/d9508.htm. Acesso em: 12 mar. 2023.

BRASIL. **Lei nº 13.146, de 6 de julho de 2015.** Institui a Lei Brasileira de Inclusão da Pessoa com Deficiência (Estatuto da Pessoa com Deficiência). Brasília: Presidência da República, 2015. Disponível em: https://www.planalto.gov.br/ccivil_03/_ato2015-2018/2015/lei/l13146.htm. Acesso em: 10 mar. 2023.

BRASIL. **Lei nº 13.409, de 28 de dezembro de 2016.** Altera a Lei nº 12.711, de 29 de agosto de 2012, para dispor sobre a reserva de vagas para pessoas com deficiência nos cursos técnico de nível médio e superior das instituições federais de ensino. Brasília: Presidência da República, 2016. Disponível em: https://www.planalto.gov.br/ccivil_03/_ato2015-2018/2016/lei/l13409.htm. Acesso em: 10 mar. 2023.

BRASIL. **Lei nº 8.213, de 24 de julho de 1991**. Dispõe sobre os Planos de Benefícios da Previdência Social e dá outras providências. Brasília: Presidência da República, 1991. Disponível em: https://www.planalto.gov.br/ccivil_03/leis/l8213cons.htm. Acesso em: 12 mar. 2023.

BRASIL. Ministério da Educação. **Aviso Circular nº 277/MEC/GM, de 8 de maio de 1996**. [Dispõe sobre a execução adequada de uma política educacional dirigida aos portadores de necessidades especiais]. Brasília: Ministério da Educação, 1996. Disponível em: http://portal.mec.gov.br/seesp/arquivos/pdf/aviso277.pdf. Acesso em: 10 set. 2023.

BRASIL. Ministério da Educação. **Documento orientador Programa Incluir**: acessibilidade na educação superior. Brasília: Secadi/Sesu, 2013. Disponível em: http://portal.mec.gov.br/index.php?option=com_docman&view=download&alias=13292-doc-ori-progincl&category_slug=junho-2013-pdf&Itemid=30192. Acesso em: 10 mar. 2023.

BRASIL. Ministério da Educação. Secretaria de Educação Especial. Grupo de Trabalho da Política Nacional de Educação Especial. **Política Nacional de Educação Especial na Perspectiva da Educação Inclusiva**. Brasília: Grupo de Trabalho da Política Nacional de Educação Especial, 2008. Disponível em: http://portal.mec.gov.br/arquivos/pdf/politicaeducespecial.pdf. Acesso em: 10 mar. 2022.

BRASIL. Secretaria de Direitos Humanos da Presidência da República. Secretaria Nacional de Promoção dos Direitos da Pessoa com Deficiência. Coordenação-Geral do Sistema de Informações sobre a Pessoa com Deficiência. **Cartilha do Censo 2010**: pessoas com deficiência. Brasília: SDH/PR/SNPD, 2012. Disponível em: https://inclusao.enap.gov.br/wp-content/uploads/2018/05/cartilha-censo-2010-pessoas-com-deficienciareduzido-original-eleitoral.pdf. Acesso em: 2 mar. 2023.

BURSZTYN, M. Meio ambiente e interdisciplinaridade: desafios ao mundo acadêmico. **Revista Desenvolvimento e Meio Ambiente**, Curitiba, v. 10, n. 2, p. 67-76, 2004. Disponível em: https://revistas.ufpr.br/made/article/viewFile/3095/2476. Acesso em: 15 ago. 2023.

CASTRO, S. F.; ALMEIDA, M. A. Ingresso e permanência de alunos com deficiência em universidades públicas brasileiras. **Revista Brasileira de Educação Especial**, Marília, v. 20, n. 2, p. 179-194, 2014. Disponível em: https://www.scielo.br/j/rbee/a/XPGCHzqgpSQWtHV8grBb5nL/abstract/?lang=pt. Acesso em: 2 mar. 2023.

CHAHINI, P. **A percepção dos cadetes do curso de formação de oficiais bombeiro militar, a respeito da importância da disciplina educação física para suas formações profissionais**. 2009. Monografia (Graduação em Formação de Oficiais BM) – Universidade Estadual do Maranhão, São Luís, 2009.

CHAHINI, T. H. C. **A transição de pessoas com deficiência da educação superior ao mercado de trabalho formal**. Relatório (Pós-Doutorado) – Universidade Federal de São Carlos, São Carlos, 2015.

CHAHINI, T. H. C. **Inclusão de alunos com deficiência na educação superior**: atitudes sociais e opiniões de professores e alunos da Universidade Federal do Maranhão. Curitiba: Instituto Memória, 2013.

CHAHINI, T. H. C. **O percurso da inclusão de pessoas com deficiência na educação superior**. Curitiba: Appris, 2016.

COMIN, B. C.; LINCOLN, L. E. S. C. A pessoa com síndrome de Down e o mercado de trabalho. *In*: COSTA, M. P. R. **A pessoa com deficiência no mercado de trabalho**. São Carlos: Pedro & João Editores, 2012. p. 59-77.

CORDEIRO, D. R. C. L. **A inclusão de pessoas com deficiência na rede regular de educação profissional**. 2013. Dissertação (Mestrado em Filosofia e Ciências) –Universidade Estadual Paulista Júlio de Mesquita Filho, São Paulo, 2013.

CRESPO, A. A. **Estatística fácil**. 13. ed. São Paulo: Saraiva, 1995.

FAZENDA, I. C. A. **Interdisciplinaridade**: didática e prática de ensino. 18. ed. São Paulo: Papirus Editora, 2012.

FLICK, U. Pesquisa qualitativa e quantitativa. *In*: FLICK, U. **Introdução à pesquisa qualitativa**. 3. ed. Porto Alegre: Artmed, 2009. p. 39-49.

FONSECA, R. T. M. O mercado de trabalho e as leis de ação afirmativa em prol da pessoa portadora de deficiência. **Revista Zênite**, Curitiba, v. 3, n. 27, p. 296-300, 2003.

FONSECA, R. T. M. O trabalho protegido do portador de deficiência. **Revista da Faculdade de Direito de São Bernardo do Campo**, São Bernardo do Campo, v. 7, p. 267-275, 2001. Disponível em: https://revistas.direitosbc.br/fdsbc/article/view/764/380. Acesso em: 21 jan. 2023.

FREITAS, M. N. C. **A inserção de pessoas com deficiência em empresas brasileiras**: um estudo sobre as relações entre concepções de deficiência, condições de trabalho e qualidade de vida no trabalho. 2007. Tese (Doutorado em Administração) – Universidade Federal de Minas Gerais, Belo Horizonte, 2007.

FRIEDMAN, M.; SAVAGE, L. J. M. The utility analysis of choices involving risks. **The Journal of Political Economy**, Chicago, v. 56, n. 4, p. 279-304, 1948. Disponível em: https://home.uchicago.edu/~vlima/courses/econ200/spring01/friedman.pdf. Acesso em: 2 mar. 2023.

FRIGOTTO, G. A Educação e formação técnico-profissional frente à globalização excludente e o desemprego estrutural. *In*: SILVA, H. S. (org.). **A escola cidadã no contexto da globalização**. Petrópolis: Vozes, 2000. p. 218-238.

FRIGOTTO, G. Prefácio. *In*: ARAUJO, R. M. L.; RODRIGUES, D. S. (org.). **Filosofia da práxis e didática da educação profissional**. Campinas: Autores Associados, 2011.

FURTADO, O. **Trabalho e solidariedade**. São Paulo: Cortez, 2011.

GADOTTI, M. **Educação integral no Brasil**: inovações em processo. São Paulo: Editora e Livraria Instituto Paulo Freire, 2009.

GIL, A. C. **Métodos e técnicas de pesquisa social**. São Paulo: Atlas, 2008.

GOLDFARB, C. L. **Pessoas portadoras de deficiência e a relação de emprego**: o sistema de cotas no Brasil. Curitiba: Juruá, 2009.

GONÇALVES, M. A. S. **Sentir, pensar, agir**: corporeidade e educação. 2. ed. Campinas: Papirus, 1997.

GRILLO, M. O professor e a docência: o encontro com o aluno. *In*: ENRICONE, D. *et al.* (org.). **Ser professor**. Porto Alegre: EdiPUCRS, 2002.

GUGEL, M. A. **Pessoas com deficiência e o direito ao concurso público**: reserva de cargos e empregos públicos, administração pública direta e indireta. Belo Horizonte: Editora RTM, 2009.

HEINSKI, R. Um estudo sobre a inclusão da pessoa portadora de deficiência no mercado de trabalho. *In*: ENCONTRO DA ASSOCIAÇÃO NACIONAL DE PÓS-GRADUAÇÃO E PESQUISA EM ADMINISTRAÇÃO ANAIS, 28., 2004, Curitiba. **Anais** [...]. Curitiba: Enanpad, 2004.

HUNT, P. **Stigma**: the experience of disability. London: Geoffrey Chapman, 1966.

INSTITUTO NACIONAL DE ESTUDOS E PESQUISAS EDUCACIONAIS ANÍSIO TEIXEIRA (INEP). **Resumo técnico**: Censo da Educação Superior 2014. Brasília: Inep, 2014. Disponível em: http://download.inep.gov.br/download/superior/censo/2009/resumo_tecnico2009.pdf. Acesso em: 10 jan. 2023.

KARAGIANNIS, A.; STAINBACK, S.; STAINBACK, W. Fundamentos do ensino inclusivo. *In*: STAINBACK, S.; STAINBACK, W. **Inclusão**: um guia para educadores. Tradução de Magda França Lopes. Porto Alegre: Artmed, 1999. p. 21-34.

LANCILLOTTI, S. S. P. **Deficiência e trabalho**: redimensionando o singular no contexto universal. Campinas: Autores Associados, 2003.

LARAIA, M. I. F. **A pessoa com deficiência e o direito ao trabalho**. 2009. Dissertação (Mestrado em Direito) – Pontifícia Universidade Católica de São Paulo, São Paulo, 2009.

LEMOS, J. C. **Inclusão dos servidores com deficiência da Universidade Federal do Maranhão do campus de São Luís/MA**: desafios e possibilidades. 2021. Dissertação (Programa de Pós-Graduação em Educação/CCSO) – Universidade Federal do Maranhão, São Luís, 2021.

LEMOS, J. C.; CHAHINI, T. H. C. **Inclusão laboral de servidores com deficiência.** Curitiba: Appris, 2022.

LIU, F.; MAITLIS, S. Non-participant observation. *In*: MILLS, A.; DUREPOS, G.; WIEBE, E. (ed.). **Sage encyclopedia of case study research.** Los Angeles: Sage Publications, 2010.

LOBATO, B. C. **Pessoas com deficiência no mercado de trabalho**: implicações da Lei de Cotas. 2009. Dissertação (Mestrado em Educação Especial) – Universidade Federal de São Carlos, São Carlos, 2009.

LORENZON, D. M. O portador de deficiência física e o direito ao trabalho. *In*: BARRAQUI, D. **Blogpost Doug na história.** [*S. l.: s. n.*], 28 dez. 2009. Disponível em: http://dougnahistoria.blogspot.com.br/2009/12/o-portador-de-deficiencia-fisica-e-o.html. 28-12-2009. Acesso em: 29 dez. 2022.

MAGALHÃES, A. G. *et al.* A formação de professores para a diversidade na perspectiva de Paulo Freire. *In*: COLÓQUIO INTERNACIONAL PAULO FREIRE, 5., 2005, Recife. **Anais** [...]. Recife: Centro Paulo Freire, 2005. Disponível em: http://pt.scribd.com/doc/108153643/A-formacao-professores-para-a-diversidade-na-perspectiva-de-Paulo-Freire. Acesso em: 10 jan. 2023.

MANICA, L. E.; CALIMAN, G. **A educação profissional para pessoas com deficiência**: um novo jeito de ser docente. Brasília: Lisber Livro, 2015.

MANTOAN, M. T. E. **Inclusão escolar**: o que é? Por quê? Como fazer? 2. ed. São Paulo: Moderna, 2006.

MANZINI, E. J. Inclusão e acessibilidade. **Revista da Sobama**, Rio Claro, v. 10, n. 1, 2005. Suplemento, p. 31-36.

MARANHÃO. Secretaria Adjunta de Tecnologia da Informação. **Governo do Maranhão lança Projeto Inclusive, Praia! este domingo na praia do Calhau**. São Luís: [*s. n.*], 8 out. 2019. Disponível em: https://www3.ma.gov.br/agenciadenoticias/?p=261549. Acesso em: 13 out. 2023.

MARANHÃO. Secretaria da Segurança Pública. Corpo de Bombeiro Militar do Maranhão. **Sobre o curso**. São Luís: CBMMA, 2017. Disponível em: https://cbm.ssp.ma.gov.br/unidades-bm/unidades-administrativas/de-ensino-e-pesquisa-dep/#1496188230567-e7f3996f-51ee. Acesso em: 10 set. 2023.

MARANHÃO. Secretaria de Estado de Segurança Pública. Corpo de Bombeiros Militar do Maranhão. **Corpo de bombeiros promove cerimônia de entrega do espadim à turma "célio roberto".** São Luís, 22 mar. 2022. Disponível em: https://cbm.ssp.ma.gov.br/2022/03/22/corpo-de-bombeiros-promove-cerimonia-de-entrega-do-espadim-a-turma-celio-roberto/. Acesso em: 10 mar. 2023.

MARANHÃO. Secretaria de Estado de Segurança Pública. **Espadim marca comemoração dos 24 anos da APMGD.** São Luís, 2 mar. 2017b. Disponível em: https://www.ssp.ma.gov.br/espadim-marca-comemoracao-dos-24-anos-da-apmgd/. Acesso em: 10 mar. 2023.

MARANHÃO. Secretaria de Estado de Segurança Pública. Polícia Militar do Maranhão. **Corpo de Academia de polícia militar gonçalves dias realiza formatura de declaração ao aspirantado.** São Luís, 3 jul. 2017a. Disponível em: https://pm.ssp.ma.gov.br/2017/07/academia-de-policia-militar-goncalves-dias-realiza-formatura-de-declaracao-ao-aspirantado/. Acesso em: 10 mar. 2023.

MARQUES, C. A. A construção do anormal: uma estratégia de poder. *In*: ENCONTRO ANUAL DA ASSOCIAÇÃO NACIONAL DE PÓS-GRADUAÇÃO E PESQUISA EM EDUCAÇÃO, 24., 2001, Caxambú. **Anais Eletrônicos** [...]. Rio de Janeiro: ANPEd, 2001. *CD-ROM*.

MARX, K. **O capital**: crítica da economia política. 22. ed. Rio de Janeiro: Civilização Brasileira, 2004. Livro 1.

MASETTO, M. T. **Competência pedagógica do professor universitário.** São Paulo: Summus, 2003.

MAZZILLI, H. N. **A defesa dos interesses difusos em juízo**: meio ambiente, consumidor, patrimônio cultural, patrimônio público e outros interesses. São Paulo: Saraiva, 2011.

MAZZOTTA, M. J. S. **Educação especial no Brasil**: história e política pública. 3. ed. São Paulo: Cortez, 2001.

MENEZES NETO, A. J. *et al.* **Trabalho, política e formação humana**. São Paulo: Xamã, 2009.

MINAYO, M. C. S. Ciência, técnica e arte: o desafio da pesquisa social. *In*: MINAYO, M. C. S. (org.). **Pesquisa social**: teoria, método e criatividade. Petrópolis: Vozes, 2001. p. 9-29.

NEVES, J. A.; FERNANDES, D. C.; HELAL, D. H. **Educação, trabalho e desigualdade social**. Belo Horizonte: Argumentun, 2009.

NOGUEIRA, L. F. Z. **Educação superior e inclusão**: trajetórias de estudantes universitários com deficiência e a intervenção da terapia ocupacional. 2019. Tese (Doutorado em Terapia Ocupacional) – Universidade Federal de São Carlos, São Carlos, 2019.

ORGANIZAÇÃO DAS NAÇÕES UNIDAS (ONU). **Convenção sobre os Direitos das Pessoas com Deficiência e protocolo facultativo à Convenção sobre os Direitos das Pessoas com Deficiência**. Nova York: [*s. n.*], 2006. Disponível em: https://www.unicef.org/brazil/convencao-sobre-os-direitos-das-pessoas-com-deficiencia. Acesso em: 5 maio 2023.

ORGANIZAÇÃO DAS NAÇÕES UNIDAS (ONU). **Declaração de Salamanca sobre Princípios, Políticas e Práticas na Área das Necessidades Educativas Especiais**. Salamanca: [*s. n.*], 1994. Disponível em: http://portal.mec.gov.br/seesp/arquivos/pdf/salamanca.pdf. Acesso em: 10 set. 2022.

ORGANIZAÇÃO DAS NAÇÕES UNIDAS (ONU). **Declaração Universal dos Direitos Humanos**. Paris: [*s. n.*], 1948. Disponível em: https://brasil.un.org/pt-br/91601-declaração-universal-dos-direitos-humanos. Acesso em: 29 jun. 2021.

ORGANIZAÇÃO DAS NAÇÕES UNIDAS (ONU). **Programa de Ação Mundial para as Pessoas com Deficiência**. Tradução de Edilson Alkmim Cunha. Brasil: Corde, 1996.

ORGANIZAÇÃO DAS NAÇÕES UNIDAS PARA A EDUCAÇÃO, A CIÊNCIA E A CULTURA (UNESCO). **Declaração Mundial sobre Educação Superior no Século XXI**: visão e ação, marco referencial de ação prioritária para a mudança e o desenvolvimento da educação superior. Brasília: Unesco, 1998.

ORGANIZAÇÃO DAS NAÇÕES UNIDAS PARA A EDUCAÇÃO, A CIÊNCIA E A CULTURA (UNESCO). **Manual para garantir inclusão e equidade na educação**. Brasília: Unesco, 2019.

ORGANIZAÇÃO INTERNACIONAL DO TRABALHO (OIT). **Gestão das questões relativas à deficiência no local de trabalho**: repertório de recomendações práticas da OIT. Brasília: OIT, 2004.

ORTEGA, M. L. J. Amplitude do conceito de "deficiente". **Revista Trimestral de Direito Público**, São Paulo, n. 17, p. 179-181, 1997.

PARASURAMAN, A. **Marketing research**. 2. ed. Boston: Addison Wesley Publishing Company, 1991.

PASTORE, J. O trabalho dos portadores de deficiência - I. **O Estado de São Paulo**, São Paulo, 1 mar. 2000. Disponível em: https://www.josepastore.com.br/artigos/em/em_082.htm. Acesso em: 10 set. 2023.

PEREIRA, M. E. S.; BATANERO, J. M. F. Percursos educativos, formativos e profissionais na síndrome de Down. **Revista Brasileira de Educação Especial**, Marília, v. 15, n. 2, p. 197-218, 2009.

PIOVESAN, F. **Temas de direitos humanos**. 2. ed. São Paulo: Max Limonad, 2012.

QUIDIM, F. G.; LAGO, S. R. S. Direito ao trabalho da pessoa com deficiência. *In*: COSTA, M. P. R. (org.). **A pessoa com deficiência no mercado de trabalho**. São Carlos: Pedro & João Editores, 2012.

RADABAUGH, M. P. **NIDDR's long range plan**: technology for access and function research section two: NIDDR research agenda. [*S. l.: s. n.*], 1993. Chapter 5.

RAMOS, M. N. Implicações políticas e pedagógicas da EJA integrada à educação profissional. **Educação & Realidade**, Porto Alegre, v. 35, n. 1, p. 65-85, jan./abr. 2010.

REBELO, P. **A pessoa com deficiência e o trabalho**. Rio de Janeiro: Qualitymark, 2008.

RIBAS, J. B. C. Entrevista. **Revista Integração**, Brasília, ano 10, n. 22, p. 4-7, 2000.

RIBAS, J. B. C. **Preconceito contra as pessoas com deficiência**: as relações que travamos com o mundo. São Paulo: Cortez, 2011.

RIVERO, P. S. **Trabalho**: opção ou necessidade? Um século de informalidade no Rio de Janeiro. Belo Horizonte: Argvmentum, 2009.

ROCHA, T. B.; MIRANDA, T. G. Acesso e permanência do aluno com deficiência na instituição de ensino superior. **Revista Educação Especial**, Santa Maria, v. 22, n. 34, p. 197-212, maio/ago. 2009.

RODRIGUES, D. A educação física perante a educação inclusiva: reflexões conceptuais e metodológicas. **Revista da Educação Física**, Maringá, v. 14, n. 1, p. 67-73, 2003. Disponível em: https://iparadigma.org.br/biblioteca/educacao-inclusiva-artigo-a-educacao-fisica-perante-a-educacao-inclusiva/. Acesso em: 30 out. 2023.

ROSS, P. R. Educação e trabalho: a conquista da diversidade ante as políticas neoliberais. *In*: BIANCHETTI, L.; FREIRE, I. M. (org.). **Um olhar sobre a diferença**: interação, trabalho e cidadania. Campinas: Papirus, 1998.

SANTIAGO, S. A. S. **A história da exclusão da pessoa com deficiência**: aspectos socioeconômicos, religiosos e educacionais. João Pessoa: Editora Universitária da UFPB, 2011.

SANTOS, A. C.; GOMIDE NETO, U.; REZENDE, E. O. Profissionalização da pessoa com deficiência: aspectos históricos. *In*: COSTA, M. P. R. (org.). **A pessoa com deficiência no mercado de trabalho**. São Carlos: Pedro & João Editores, 2012. p. 9-22.

SASSAKI, R. K. **As sete dimensões da acessibilidade**. São Paulo: Larvatus Proteo, 2019.

SASSAKI, R. K. **Inclusão**: construindo uma sociedade para todos. Rio de Janeiro: WVA, 2006.

SAVIANI, D. Trabalho e educação: fundamentos ontológicos e históricos. **Revista Brasileira de Educação**, Rio de Janeiro, v. 12, n. 34, p. 152-165, jan./abr. 2007.

SOUZA JÚNIOR, H. P. A centralidade ontológica do trabalho como essência da educação e dos conhecimentos. *In*: MENEZES NETO, A. J. *et al*. **Trabalho, política e formação humana**. São Paulo: Xamã, 2009.

TANAKA, E. D. O.; MANZINI, E. J. O que os empregadores pensam sobre o trabalho da pessoa com deficiência? **Revista Brasileira de Educação Especial**, Marília, v. 11, n. 2, p. 273-294, 2005.

UNIVERSIDADE ESTADUAL DO MARANHÃO (UEMA). Assessoria de Concursos e Seletivos da Reitoria. Divisão de Operação de Concursos Vestibulares. **Edital nº 05/2020-GR/Uema, de 2020**. Processo Seletivo de Acesso à Educação Superior - Paes 2021. São Luís: Uema, 2020. Disponível em: https://www.uema.br/wp-content/uploads/2020/10/EDITAL-n%-C2%BA-05.2020-GR.UEMA-PAES-2021.pdf. Acesso em: 14 jun. 2021.

UNIVERSIDADE ESTADUAL DO MARANHÃO (UEMA). **Retificação nº 5 do Edital nº 42/2019-GR/Uema, de 8 de novembro de 2019**. Torna pública a seguinte retificação do Edital n.º 42/2019 - GR/UEMA, adaptando o cronograma do certame para garantir a disponibilidade de vagas para pessoas com deficiência no Curso de Formação de Oficiais PMMA e CBMMA. São Luís: Uema, 2019. Disponível em: https://www.uema.br/wp-content/uploads/2019/11/5ª-RETIFICAÇÃO-DO-EDITAL-PAES-Nº-42_GR_UEMA.pdf. Acesso em: 14 jun. 2023.

UNIVERSIDADE ESTADUAL DO MARANHÃO (UEMA). Superintendência de Concursos e Seletivos. Divisão de Operação de Concursos Vestibulares. **Edital nº 22/2022-GR/UEMA, de 18 de julho de 2020**. Processo Seletivo de Acesso à Educação Superior - Paes 2023. São

Luís: Uema, 2022. Disponível em: https://www.uema.br/wp-content/uploads/2022/07/Edital-PAES-2023_-18-07-2022_compressed-1.pdf. Acesso em: 14 jun. 2023.

VESTIBULAR da UEMA para CFO é suspenso pela Justiça: A suspensão é válida até que sejam disponibilizadas vagas para pessoas com deficiência. **O Imparcial**, São Luís, 29 out. 2019. Disponível em: 10 mar. 2023.

VILELA, E. M. Alguns determinantes da estratificação dos imigrantes internacionais recentes no mercado de trabalho brasileiro. *In*: NEVES, J. A. (org.). **Educação, trabalho e desigualdade social**. Belo Horizonte: Argumentum, 2009.

XAVIER, F. P.; FERNANDES, D. C.; TOMÁS, M. C. Fatores econômicos e estrutura social: a escolaridade como fator explicativo para o diferencial dos salários no Brasil. *In*: NEVES, J. A.; FERNANDES, D. C.; HELAL, D. H. (org.). **Educação, trabalho e desigualdade social**. Belo Horizonte: Argumentum, 2009.

ZAGO, M. C.; OTSUKA, C. Y.; TANAKA, E. D. O. Fatores envolvidos no processo de inserção da pessoa com deficiência no trabalho: a ótica das instituições e associações de atendimento a essa população. *In*: MARQUEZINE, M. C. *et al.* **Re'discutindo a inclusão**. Londrina: ABPEE, 2009. p. 135-147. (Série Estudos Multidisciplinares de Educação Especial).

ÍNDICE REMISSIVO

Autonomia
Adaptações
Adequações
Ações afirmativas
Acesso
Acessibilidade
Atendimento especializado
Aprendizagem
Assistencialismo
Atitudes sociais
Autoestima
Autonomia
Academia
Atitudes excludentes

Barreiras
Bombeiros
Bombeiro Militar
Brasil

Corporações militares
Capacidades profissionais
Cursos de formação
Corpo de Bombeiros
Cidadania
Capacitação
Capacitismo

Competências
Cadetes
Conquistas
Capacitação
Certame

Direitos Humanos
Deficiência
Discriminação
Direitos
Diversidade
Dignidade
Desigualdade
Desafios
Democracia
Dignidade

Educação
Educacional
Equidade
Educação Especial
Educação Inclusiva
Educação Superior
Estigmas
Escolarização
Emprego
Empregabilidade
Escolaridade
Educação formal

Formação

Habilitação
Habilidades
Humanidade

Inclusão
Igualdade
Instituições de ensino
Inserção

Judiciário
Justiça

Laboral
Leis
Limitação
Legislação
Lei de Cotas

Militar
Mundo do trabalho
Maranhão
Mercado de trabalho
Mobilidade

Necessidades

Ordenamento jurídico
Oportunidade
Oficiais

Pessoas com deficiência
Paradigmas
Preconceito
Polícia
Polícia Militar
Permanência
Profissionais
Perfil vocacional
Políticas de inclusão
Potencial humano
Políticas públicas

Qualificação profissional

Reabilitação
Recursos humanos
Reabilitação profissional

Sociedade
Sensibilização
Suplantação
Superação

Trabalho
Trabalho formal
Tecnologias assistivas

Universidade

Vulneráveis